COLEÇÃO
PENSADORES & EDUCAÇÃO

Derrida & a Educação

Carlos Skliar (Organizador)

Derrida & a Educação

1ª edição
1ª reimpressão

autêntica

Copyright © 2008 by Carlos Skliar

COORDENADOR DA COLEÇÃO
Alfredo Veiga-Neto

EDITORAÇÃO ELETRÔNICA
Carolina Rocha
Tales Leon de Marco

REVISÃO
Rodrigo Pires Paula

Todos os direitos reservados pela Autêntica Editora. Nenhuma parte desta publicação poderá ser reproduzida, seja por meios mecânicos, eletrônicos, seja via cópia xerográfica, sem a autorização prévia da editora.

AUTÊNTICA EDITORA
Rua Aimorés, 981, 8º andar . Funcionários
30140-071 . Belo Horizonte . MG
Tel: (55 31) 3222 68 19
Televendas: 0800 283 13 22
www.autenticaeditora.com.br
e-mail: autentica@autenticaeditora.com.br

S628d	Skliar, Carlos Derrida & a Educação / organizado por Carlos Skliar . – 1. ed., 1 reimp. – Belo Horizonte : Autêntica , 2008. 128 p. – (Pensadores & educação) ISBN 978-85-7526-173-6 1.Filosofia. 2.Educação. I.Título. II.Série.

CDU 1
37

Sumário

Introdução
A escrita na escrita: Derrida e Educação
Carlos Skliar   9

Capítulo I
É possível um território familiar estar ao mesmo tempo estrangeiro?
Leandro Belinaso Guimarães   35

Capítulo II
A Babel eletrônica - hospitalidade e tradução no ciberespaço
Karla Saraiva   43

Capítulo III
No rastro da Filosofia da diferença
Ester Maria Dreher Heuser   59

Capítulo IV
Dos porquês: do teatro, das crianças, da escola, do modo de escrita. Por quê?!?
Taís Ferreira 83

Capítulo V
Estilhaços depois da tempestade: divagações sobre identidade, escrita, pesquisa...
Shaula Maíra Vicentini Sampaio 97

Capítulo VI
Derridianas intenções
Sergio Andrés Lulkin 117

Sites de interesse 126

Sem renunciar à filosofia, o que tem me interessado é devolver os seus direitos a umas questões sobre cuja repressão foi construída a filosofia, no que ela tem de predomínio, de hegemônico. O que é hegemônico na filosofia foi constituído pelo desconhecimento, a negação, a marginação de umas questões que algumas obras literárias nos permitem de formular... Tenho tentado aguçar a responsabilidade filosófica frente a uma possibilidade que não é simplesmente literária, mas que também faz parte dos discursos filosófico, jurídico, político, ético: a possibilidade de simulacro, de ficção.

Jacques Derrida.

INTRODUÇÃO

A ESCRITA NA ESCRITA:
DERRIDA E EDUCAÇÃO[1]

Carlos Skliar [2]

Como poderia ser pensado, sentido e escrito um livro cujo título fosse aquele de Derrida & Educação? Poderíamos imaginar, talvez, um texto que se deslize pelos suaves interstícios que nos deixam as *temáticas* mais (re)conhecidas – e talvez mais atuais mas também as mais freqüentemente banalizadas – do filósofo e edificar, a partir daí, umas relações mais ou menos explícitas com aquilo que chamamos de educação; poderíamos, então, escrever sobre a hospitalidade e a hostilidade da escola, acerca do outro como diferente, mas não como diferença, pensar o monolingüismo (do outro) e a construção das alteridades escolares, discutir o Mesmo e o Outro da educação, relacionar a questão da tradução e as identidades e comunidades imaginadas, repensar questões da ética, da responsabilidade para com os outros, refletir sobre a condição da escrita etc.

---

[1] No primeiro semestre de 2004, iniciei, junto a um grupo de alunos do programa de pós-graduação em Educação da Universidade Federal de Rio Grande do Sul, uma experiência de leitura de alguns textos de Derrida. No Seminário Derrida & Educação, trabalhamos algumas leituras relativas às questões derridianas mais ou menos (re)conhecidas: o Outro, a tradução, a desconstrução, a diferença e a *differánce*, a hospitalidade, o monolingüismo (do outro) etc. No final do seminário, a proposta foi aquela de não fazer um texto sobre Derrida e/ou sobre as temáticas em questão, mas sim o de escrever na escrita de Derrida, dar uma resposta a Derrida, manter a dívida com a herança de Derrida, continuar com as perguntas de Derrida. O resultado é este livro. Ou, quiçá, quem sabe, todo aquilo que este livro não é e jamais poderá ser.

[2] Professor da Faculdade de Educação e do Programa de Pós-graduação em Educação, Universidade Federal do Rio Grande do Sul.

Porém, não é, exatamente, disso que este livro se trata.

E poderíamos imaginar, quiçá, um texto que seguisse o rastro de Derrida, a partir dos seus livros, e tomar o rumo sério das cronologias, a severa pontualidade das datas, o caminho sem sinuosidades do "progresso" das suas idéias, das suas influências. E desenhar, assim, as geometrias teóricas que levaram a Derrida a ser um herdeiro de Nietzsche, de Husserl, de Heidegger, de Blanchot, de Lévinas etc., e também daquelas que o levaram a inventar e realizar esse gesto chamado de desconstrução em autores como Saussure, Lévy-Strauss, Lacan, Foucault etc.

Certamente esse livro não é, literalmente, este livro.

O que este livro pretende – sabendo da impossibilidade dessa pretensão – é o de construir uma escrita com assinatura própria, uma escrita que participe, ainda sem querê-lo, ainda sem sabê-lo e sem fazê-lo, da escrita assinada por Derrida; um livro cujas autoras e autores se percebam escrevendo a partir de um gesto afirmativo, de um sim a Derrida. Mas não um sim que acaba se transformando em uma aceitação, em um sinônimo do positivo, de dogma; um sim que (n)os leve a sentir na própria pele a herança de Derrida, a amorosidade com Derrida, a escrita de Derrida. O diria assim: este não é um livro sobre Derrida, senão sobre como a escrita de Derrida provoca uma aventura, que é educativa, em nossa escrita; um livro no qual a escrita de Derrida permeia e se dissemina em nossas escritas.

É disso, sim, que trata este livro.

Este livro, também, inclui algumas instantâneas iniciais da vida de Derrida, alguns comentários ordenados no tempo e no espaço. Porém, se avisa ao leitor e à leitora de um livro cujo título é aquele de Derrida & Educação que uma biografia, uma introdução a uma escrita como a de Jacques Derrida, pode-se transformar em um rápido e mortal paradoxo. A seqüência, a linearidade, o antes-durante-depois da vida do filósofo, como de qualquer outra vida, não pode se ordenar, não se deixa ordenar: a memória, as lembranças e até os esquecimentos são sempre abstrações, palavras néscias de experiências outras. E, ao se fazer uma história, o que talvez aconteça é, justamente, a falta do acontecimento, a ausência do acontecer; quiçá, tudo permaneça por demais quieto, por demais silencioso. Então: como ser capaz de uma ousadia tal de fazer, refazer e desfazer uma biografia viva do filósofo Jacques Derrida? Como ser capaz de ser infielmente fiel a uma obra que ainda não acaba? Quem assume, então, a posição de escrever sobre uma obra que é a escrita em si mesma, escrever sobre uma desconstrução que não tem – nem quer – método, uma pergunta que começa ali, no lugar mesmo do não-conhecimento e que acaba sendo o acontecimento? Como apresentar uma obra que é um movimento perpétuo, textos que pretendem acabar com a obsessão da metafísica ocidental, tirando toda possibilidade de binarismos, toda tentação de oposições, e tendo que trazer para dentro do texto uma herança, uma dívida, uma acolhida, uma hospitalidade, um devir outro e puras e instigantes aporias? Como sair da didática conveniente, inerte, das biografias que não são mais do que memórias ordenadas de vidas e de escritas desordenadas? Como escrever sobre a escrita que é um pensamento da diferença, de uma *différance*[3] que não é uma palavra, nem um conceito, nem um princípio? Como escrever acerca da experiência da alteridade, do ser outro enquanto outro?

Nos propomos aqui manter vivas essas perguntas, escolher outras perguntas, ser fielmente infiéis à escrita de Derrida, não mais do que isso. A seguir, então, algumas "instantâneas filosóficas" sobre Jacques Derrida.

---

[3] Todos os textos que compõem este livro utilizam a palavra-expressão-escrita *différance*, um termo certamente polêmico para a tarefa da tradução. Veja-se, nesse sentido, as explicações e as decisões apresentadas por Paulo Ottoni, no relatório da exposição *Derrida – A traduzir*, realizada de 18 de agosto a 3 de outubro de 2003, organizada pelo Instituto de Estudos da Linguagem da Universidade Estadual de Campinas, Unicamp.

Primeira instantânea.
A biografia como autobiografia. O filósofo como estrangeiro.
O estrangeiro na própria língua. A língua da desconstrução.

Não há como se perguntar para Derrida, em Derrida, qual é a sua historia, como é a sua historia, quando é que essa historia começa. Ele nos diria que é um fracasso certo tentar dizer, tentar escrever, o que ele mesmo poderia ter pensado, sentido e experimentado em tal ou qual momento da sua vida. Ele também nos diria que todo texto é autobiográfico e que não se trata de passar da não-autobiografia à autobiografia, senão que sempre se está, sempre se é, sempre se escreve, na autobiografia. O que muda, o que nela se transforma, é o tom, é o regime. Do que se trata é o que se fazer com a herança, o que se fazer com a própria herança, do que entendemos que é a nossa própria herança, do que significa a herança de Derrida, de como manter viva essa herança, porém sendo outra, sendo outros.

Há um texto pouco conhecido que Derrida escreveu para uma exposição no Museu do Louvre – "Mémoires d´aveugle" – no qual tenta nos mostrar o quanto as pinturas que não são auto-retratos acabam por ser exatamente isso, e que toda distinção entre o que é autobiográfico e o que não é não resulta assaz pertinente.

Cabe dizer que os textos de Derrida foram, no início, textos que evitavam a primeira pessoa, seguindo uma forte e rigorosa tradição acadêmica; aquela tradição que deixa de lado o autor, a autoria, aquela tradição que não deixa assinar com a própria assinatura; mas nas últimas duas ou três décadas, de forma mais o menos fictícia, Derrida tem-nos dado outros textos, textos escritos em primeira pessoa, textos carregados de lembranças, de "derridades", da possibilidade e da impossibilidade da confissão.

Narrar então a herança de Derrida. Não a história de Derrida.

Narrar então o que Derrida tentou fazer com a sua herança.

E dizer, escrever, fazer uma referência das datas derridianas, às datas derridianas.

Mas as datas não são simplesmente pontos fixos de uma linha que se pretende reta. Derrida (nos) propõe as seguintes questões: fala-se alguma vez em uma data? Porém: fala-se nunca sem falar em uma data? Em ela e desde ela? E o que é uma data? E (nos) responde de duas formas. A primeira das respostas é que essa pergunta tem uma história, uma proveniência, está assinada, comprometida, governada por um lugar, um tempo, uma língua ou uma rede de línguas. A segunda das respostas tem a ver com aquilo que se costuma chamar de *desmarca* da data, uma desmarca que deve ser legível, legível como data, se emancipando de si: "Porque se não suspende em ela esse traço único que a ata ao acontecimento sem testemunha, sem outra testemunha, permanece incólume, mas absolutamente indecifrável".[4]

Ainda assim, para Derrida, a data, as datas devem permanecer tanto legíveis quanto ilegíveis, tanto de alguém como de ninguém. Mas como ler uma data? Como uma data é lida? Como uma data se deixa ler como nos deixa que a leiamos? Jorge Larrosa nos ajuda a pensar que:

> A data deve apagar-se da sua singularidade absoluta para devir legível, para devir compartilhada, mas guardando ao mesmo tempo o acontecimento que guarda, quer dizer, o seu segredo, a sua ilegibilidade [...] Na data, como no nome, como a assinatura, é ao mesmo tempo legível e ilegível, traduzível e intraduzível, compreensível e incompreensível.[5]

Digamos, assim, de um modo que seja ao mesmo tempo decifrável e indecifrável, que Jacques Derrida nasceu em El-Biar, Argélia, dia 15 de julho de 1930 e que mora na França desde 1959. Mencionemos, então, que atualmente

---

[4] *Schibboleth. Pour Paul Celan.* Paris: Galilée, 1986. A citação corresponde à versão em espanhol (*Schibboleth. Para Paul Celan.* Madri: Arena Libros, 2002. p. 32).

[5] LARROSA, Jorge. *Entre las lenguas. Lenguaje y educación después de Babel.* Barcelona: Editorial Laertes, 2004. p. 107.

desenvolve a sua atividade na *École des Hautes Études en Sciencies Sociales* de Paris e que oferece seminários em várias partes do mundo.⁶

Pertencente a uma família de judeus na Argélia, Derrida viveu alguns traumas e situações de violência que o marcaram para sempre e que criaram nele duas oscilações em relação à herança familiar: de um lado, o desejo de ser aceito no ambiente não-judeu – o qual era, segundo ele, o seu próprio ambiente. De fato, não queria pertencer à comunidade judaica de Argel, não suportava o encerro nesse grupo e acabou se produzindo, então, uma profunda ruptura afetiva. De outro, Derrida transformou-se num ser extremamente vulnerável às manifestações anti-semitas e/ou racistas, especialmente, àquelas que eram produzidas por outras crianças. E é Derrida que escreve:

> Desse momento procede sem dúvida o sentimento, o desejo de solidão, de afastamento em relação á qualquer comunidade, inclusive a qualquer 'nacionalidade', e o sentimento de receio relativo a essa palavra 'comunidade: enquanto vejo que uma pertença é constituída de forma por demais natural, protetora e fusional, desapareço.⁷

Derrida nos diz que aos 12 anos começa a ler alguns dos textos dados à leitura por alguns dos professores de francês da *École*. Foi com a leitura de André Gide, mais especificamente com o livro *O Imoralista*, que Derrida chegou a Nietzsche e que, a partir disso, revelou-se uma intensa vontade da escrever, um desejo talvez mimético na adolescência, sim, mas também uma intensa vontade que ele entendia como uma resposta, segreda, a uma família que não o ouvia, que não o sentia. No seu tímido diário, Derrida

---

⁶ Quase todos os dados biográficos que aqui apresento foram tomados dos diálogos que Jacques Derrida manteve com Catherine Paoletti no marco do programa "A coração aberto" da France Culture, em dezembro de 1998. Essas conversas foram integralmente publicadas em francês em 2001, no livro *Sur la parole*, por Éditions de l'aube, e traduzidas ao espanhol em *¡Palabra! Instantáneas filosóficas*. Madri: Editorial Trotta, 2001.

⁷ DERRIDA, Jacques. *¡Palabra!* ... *op. cit.*, p. 18.

escreveu pequenas dissertações sobre Rousseau e Nietzsche e se perguntava se era possível manter o carinho, a admiração, por ambos os autores, e se era possível, também, reconciliá-los.

Ao fazer 15 anos, Derrida tinha a ilusão de ser escritor e, para se sustentar, pensava em ser professor de Letras. Não havendo estudado grego no liceu, ele soube logo mais que não era possível se apresentar em concurso para professor nessa área e acabou por pensar na junção de ambas as coisas, se formando assim no professorado em filosofia. (Lembremos que então os grandes nomes a seguir eram aquelas pessoas que trabalhavam ao mesmo tempo no campo da literatura e da filosofia, como por exemplo, Jean-Paul Sartre.)

Aos 19 anos, Derrida viaja de Argélia para França e torna-se aluno no internato do liceu Louis-le-Grand. Já em 1952, ingressa na *École Normale Supérieure*, ENS. Oito anos depois, ele torna-se assistente de professores tais como Bachelard, Canguilhem, Ricoeur, dentre outros.

Os seus primeiros trabalhos filosóficos nascem sob a influencia de Husserl – por exemplo, em: *O problema da gênese na filosofia de Husserl*, escrito em 1954 e publicado em francês somente em 1990; e também em: *A origem da geometria* –; textos escritos com a tentativa de procurar aquilo que, no contexto da fenomenologia husserliana, poderia chegar a ser uma problematização da escrita: "Onde é que se fala da escrita? O que se faz com ela? Como articular essas questões da ciência, da fenomenologia e da escrita?" E em relação à inscrição literária, pergunta-se: "[...] O que é uma inscrição? A partir de qual momento e em quais condições uma inscrição torna-se literária?".[8]

Há de se dizer que desde muito cedo Derrida também assume um compromisso político-filosófico evidente: milita em grupos de extrema esquerda não-comunistas; conhece a

---

[8] *Ibidem*, p. 21.

Louis Althusser – de quem não se separa até a morte deste –; organiza a primeira assembléia geral na École, em 1968; em 1981, é co-fundador da associação Jan Hus de ajuda aos intelectuais tchecos dissidentes, vai para Praga com o intuito de realizar um seminário clandestino, é detido, encarcerado e condenado por trafego de drogas; participa da Fundação Cultural contra o *apartheid* e do Comitê de Escritores em apoio a Nelson Mandela em 1983; em 1988, se encontra com diferentes intelectuais palestinos nos territórios ocupados; assume o compromisso do grupo que reclamava na França o direito ao voto para os imigrantes em 1989; em 1990, fez parte do Parlamento Internacional de Escritores de Estrasburgo em relação ao caso de Salman Rushdie etc.

Como uma extensão daqueles primeiros textos filosóficos já mencionados, Derrida começa a escrever para algumas revistas, tais como *Critique e Tel Quel*, artigos sobre Edmond Jabès, Antonin Artaud e Michel Foucault. É justamente no texto sobre Artaud em que aparece pela vez primeira a idéia ou a noção de *différance*. Eram os tempos daquilo que se chamou de corrente estruturalista, representada em particular pelos trabalhos de Lévy-Strauss e Lacan, dentre outros. Ainda que Derrida sentisse muita simpatia e interesse por tudo o que estava acontecendo com o estruturalismo, ele diz que: "[...] tinha a impressão que o conceito de escrita que me interessava seguia sendo ignorado, desconhecido ou deixado à margem por esses grandes discursos."[9]

O livro *Gramatologia* – publicado em francês em 1967 e editado em português em 1973 – foi muito bem recebido mas também levantou muitas suspeitas entre os seus contemporâneos; a partir dessa experiência é que Derrida iniciou a sua tarefa de criticar ou, melhor ainda, de *desconstruir* os discursos hegemônicos que prevaleciam no estruturalismo, se concentrando especificamente em alguns fragmentos de Saussure, Lévy-Strauss e Lacan e, por outras razões, em alguns trechos de Foucault. A desconstrução inicial era feita:

---

[9] *Ibidem*, p. 22.

[...] mediante um gesto que não era somente negativo, mas de aprovação desconfiada, de aprovação e de desconfiança, tentando de discutir sem rejeitar, o que provocou todo tipo de malos-entendidos e, inclusive, reações mal humoradas".[10]

Mas a tentativa de Derrida não era, somente, aquela da rejeição a uma obra. Não se tratava, então, de uma desconfiança temática ou teórica e/ou ou conceitual. A sua intenção era – e é – aquela de reconhecer o que havia de hegemônico, o que havia sido negado em uma obra, em um texto, mas sempre considerando a singularidade de uma assinatura, respeitando a própria língua de uma autoria específica. Derrida (nos) propõe, então, o fazer as obras falarem desde o interior de si próprias, por intermédio de seus brancos, suas contradições, sem procurar, como ele mesmo diz, condená-las à morte.

Segunda instantânea.
A desconstrução como herança. O ser que é infielmente fiel. Um gesto, um apelo, um não-conhecimento. E a resposta que é do Outro.

> O primeiro leitor é já um herdeiro. Vou ser lido? Escrevo para ser lido? E para ser lido aqui, agora, amanhã ou depois de amanhã? Esta pergunta é inevitável, mas se coloca como pergunta a partir do momento em que eu sei que não a posso controlar. A condição para que possa haver herança é que a coisa que se herda, aqui, o texto, o discurso, o sistema ou a doutrina, já não depende de mim, como se eu estivesse morto ao final da minha frase [...] A questão da herança deve ser a pergunta que se lhe deixa ao outro: a resposta é do outro.[11]

Há de se homenagear a herança. Nem há de se deixá-la como ela é, como ela está, em aparência, quieta; porém, não há de se destruí-la, pois com a herança acontece uma relação de justiça e de amorosidade: se trata de uma relação com o Outro. Como já é bem sabido, a des-

---
[10] *Ibidem*.
[11] *Ibidem*, p. 46.

construção consiste em desfazer um sistema de pensamento, o qual se nos revela dominante. Trata-se, como diz Roudinesco, de:

> [...] resistir à tirania do Um, do logos, da metafísica (ocidental) na própria língua que é enunciada, com a ajuda do próprio material deslocado, movido com fins de reconstruções cambiantes.[12]

O resistir à tirania do Um, da metafísica ocidental, supõe desfazer a metafísica mesma da presença, da identidade do ser e/ou do não-ser, desfazer aquela metafísica habitada pelos binarismos, pelas oposições, essa negação dirigida ao segundo termo, esse não que se diz e se atribui àquilo que não é *a palavra*, que não é a palavra hierarquizada, em que o outro não é mais do que um eu espectralizado. Desconstruir a metafísica da presença até refazê-la ou reconstruí-la em um pensamento da diferença.

Em relação à outras formas de críticas e/ou de hipercríticas, Jacques Derrida inaugura um mecanismo que é, que deve ser, ao mesmo tempo, fielmente infiel em relação à herança em questão. Desconstruir é, de certo modo, um gesto, um ser chamado por alguma coisa, por uma obra, por um autor, por um livro, uma passagem, uma palavra, um conceito, uma escrita. É um gesto afirmativo, é um dizer sim. E é fazê-lo partir da posição de quem se sente herdeiro, de quem pensa e sente que tem herdado aquilo que pretende, agora, desconstruir; e não de alguém que, por sua vez, desconfia do outro, nega, diz não à obra, e torna-se crítico desde o lugar do deserdado:

> [...] É indubitável – escreve Derrida – que um gesto de desconstrução resulta impensável sem uma afirmação. Indiscutivelmente, a desconstrução é um gesto de afirmação, um **sim** originário que não é crédulo, dogmático ou de consentimento cego, otimista, confiado, positivo.[13]

---

[12] DERRIDA, Jacques; ROUDINESCO, Elizabeth. *De que amanhã*. Rio de Janeiro: Jorge Zahar, 2004. p. 9.

[13] DERRIDA, Jacques. *!Palabra!* ... *op. cit.*, p. 66.

Há uma afirmação que é primeira, inicial, um sim que é originário, uma gestualidade afirmativa, um sim que nos faz lembrar o Nietzsche de dezembro de 1881, esse Nietzsche que se sente ainda vivo e pensante, com o seu olhar capturado pela beleza e que rejeita de toda batalha contra a fealdade. Esse Nietzsche que, então, é capaz de escrever: "[...] Quero, em todas as circunstâncias, ser sempre um afirmador"[14].

Mas, o que significa ser fielmente infiel na desconstrução? Como seria possível traçar um gesto de amorosidade para, ao mesmo tempo, sacudi-lo, fazê-lo e tornar infiel, provocar um devir?

> A partir da infidelidade possível é como se obtém a herança, como ela é assumida, como se retoma e se referenda a herança para fazer que viaje para um outro lugar, que respire de uma outra forma. Se a herança consiste simplesmente em manter coisas mortas, arquivos e em reproduzir o que já foi, não é o que se pode chamar uma herança.[15]

Não há aqui, então, uma negação da herança, um dizer não à herança, uma destruição da herança, um deixar de lado a herança. Trata-se, sobretudo, da diferença entre uma herança quieta, imóvel, e uma herança que há de se movimentar e que nos empurra para um outro lugar, para um lugar que nós não sabemos, para um lugar não conhecido, para o lugar do não-conhecimento.

A herança, o herdado, é aquilo que nos atribui um certo tipo de tarefas contraditórias, ambíguas: receber, atender, acolher aquilo que nos chega, aquilo que recebemos e, ao mesmo tempo, ter que refazê-lo, ter que reinterpretá-lo. Essas tarefas iniciam um processo que dão conta da nossa finitude, nos impõem a nossa finitude, nos falam da nossa finitude, porque:

---

[14] HALÉVY, Daniel. *Vida de Nietzsche*. Buenos Aires: Emecé Editores, 2000. p. 213.

[15] DERRIDA, Jacques. *!Palabra!* ... op. cit. p. 47.

Unicamente um ser finito herda, e a sua finitude o obriga. O obriga a receber o que és maior e mais velho e mais poderoso e mais duradouro que ele. Mas a mesma finitude obriga a escolher, a preferir, a sacrificar, a excluir, a deixar cair. Justamente para responder ao chamado que o antecedeu, para lhe responder e para responder por ele, tanto no seu nome quanto no nome do outro. O conceito de responsabilidade não possui o menor sentido fora da experiência da herança[16].

Somos herdeiros de uma herança. Uma herança que está ali, mas que não deve ser, simplesmente, aceita, afirmada sem mais, mas também e sobretudo ela deve ser reativada em outra forma, em outra condição, a partir de um certo tipo de escolhas totalmente diferentes:

> [...] o herdeiro sempre devia responder a uma espécie de dupla exortação, a uma atribuição contraditória: primeiro tem que saber e saber reafirmar o que vêm 'antes de nós', e que portanto recebemos inclusive antes de escolhê-lo, e nos comportar como sujeitos livres. Sim, é preciso [...] é preciso fazê-lo tudo para se apropriar de um passado que sabemos no fundo permanece inapropiável [...] Não apenas aceitar essa herança, mas relançá-la de outra maneira e mantê-la viva.[17]

Cabe assinalar que a desconstrução não é um método de pensamento – nem um método, nem um pensamento – nem sequer é uma crítica, mas um acontecimento, "aquilo que ocorre, um certo agora"[18]. Como a desconstrução não é uma crítica e sim um ato de justiça, a pergunta que nos devemos fazer é: o que é que provoca a desconstrução das coisas? Porque alguma coisa é desconstruída? Quem nos faz dizer sim? Derrida responderia que:

> É o outro; se podemos dizê-lo em uma palavra é o outro. O que chamo de justiça é o peso do outro, que dita a minha lei e me faz responsável, me faz responder ao outro, obrigando-me a lhe falar. Assim que é o diálogo com o

---

[16] DERRIDA; ROUDINESCO. *op. cit.*, p. 12.

[17] *Ibidem*.

[18] DERRIDA, Jacques. *No escribo sin luz artificial*. Valladolid: Cuatro Ediciones, 1999. p. 175.

outro, o respeito à singularidade e a alteridade do outro o que me empurra [...] a tentar ser justo com o outro – ou comigo mesmo como outro.[19]

Uma leitura superficial, talvez temerosa, da idéia mesma de desconstrução[20] pode nos fazer pensar que se trata unicamente de um processo de dissociação, de destruição, de desarticulação e não, como Derrida o tem escrito inúmeras vezes, uma condição para a construção, uma condição para uma invenção verdadeira de um sim, de uma afirmação, de algo, alguma coisa que é afirmativa[21]. Além disso, a desconstrução é um gesto que está próximo à ignorância, um gesto que se afasta do conhecimento:

> A chamada tem lugar em relação com o não-conhecimento. Logo, eu não tenho resposta. Não posso dizer 'a resposta é essa'. Em verdade que eu não o sei, mas esse 'não o sei', não é o resultado da ignorância o do ceticismo, nem do niilismo nem de um obscurantismo. Esse não-conhecimento é a condição necessária para que alguma coisa aconteça, para que seja assumida uma responsabilidade, para que uma decisão seja tomada [...].[22]

E é a partir de uma incapacidade, a partir de um não-conhecimento, a partir da impossibilidade para responder a

---

[19] Jacques Derrida. A democracia é uma promessa. Entrevista com Elena Fernandes, *Jornal de Letras, Artes e Idéias*, 12 de outubro, 1994, p. 9-10.

[20] Idéia da desconstrução que, por sua vez, não pode se organizar em torno de um sistema, ou de uma teoria, ou de um método, ou de um dogma, quer dizer, que não pode se limitar: "ao efeito discursivo e institucional que tem provocado". E, além disso, supõe também um desfazer a própria palavra, a palavra desconstrução. Como o afirma Derrida: [...] Assim, pois, a verdadeira desconstrução não precisa da desconstrução, não precisa uma teoria ou um nome (*ibidem*, p. 183). Em outro texto, Derrida nos diz: "[...] não é uma filosofia, nem uma ciência, nem um método, nem uma doutrina, senão, como digo com freqüência, o impossível e o impossível como o que acontece" (Em: *Papel máquina. La cinta de máquina de escribir y otras respuestas*. Madri: Editorial Trotta, 2003. p. 322).

[21] Alguma coisa afirmativa que, para Derrida, não significa alguma coisa positiva: "[...] para alguns, ao se reduzir a afirmação à posição do positivo, a desconstrução vê-se abocada a reconstruir depois de uma fase de demolição. Não, não há demolição, como assim também não há reconstrução positiva, nem fases" (*Ibidem*, p. 339).

[22] DERRIDA, Jacques. *No escribo sin luz ... op. cit.*, p. 176.

essa pergunta, que alguma coisa acontece ali, no lugar onde não há lugar, faz-se acontecimento. Alguma coisa torna-se acontecimento, pois o impossível se torna possível:

> Essa é precisamente, irrefutavelmente, a forma paradoxal do acontecimento: um acontecimento é somente possível [...] se se inscreve em umas condições de possibilidade, se não faz mais do que explicitar, desvelar, revelar, realizar o que já era possível, então já não é um acontecimento.[23]

Herdeira da *destructio* luterana[24] e da noção heideggeriana de *destruktion*, a desconstrução constitui um tipo de exigência de análise que se afasta de uma destruição pura, da destruição pela destruição, de uma destruição que é encobrimento; pois a desconstrução:

> [...] é um compreender como alguma coisa está construída, o que requer reconstruí-lo. Desmancha-se uma edificação [...] para fazer com que apareçam as suas estruturas, as suas nervuras ou o seu arcabouço formal mas também para mostrar a precariedade ruinosa de uma estrutura formal que nada explicava, já que não era nem um centro, nem um princípio, nem uma força, nem sequer uma lei dos acontecimentos.[25]

Nessa compreensão da construção, nessa comoção e reconstrução de alguma coisa, a desconstrução não é somente uma estratégia analítica, mas:

> [...] um impulso que comina para outra interpretação da experiência, para outra experiência da alteridade que aquela que se rege por um pensar entronizado, governado pelo entendimento [...].[26]

---

[23] DERRIDA, Jacques. *Papel Máquina* ..., *op. cit.*, p. 270.

[24] Nesse sentido Derrida diz que: "Lutero (...) falava já de 'destructio' para designar a necessidade de uma ressedimentação dos estratos teológicos que encobriam a nudez original da mensagem evangélica que havia que restaurar". Em: Papel Máquina ..., *op. cit.*, p. 322-323.

[25] GABILONDO, Angel. *La vuelta del otro. Diferencia, identidad, alteridad*. Madri: Editorial Trotta, 2001. p. 171-172.

[26] *Ibidem*, p. 172.

Assim postas as coisas, não é tanto que a desconstrução se torne um acontecimento, que seja acontecimento, porém que: "[...] o acontecimento (é o que) descontrói".[27]

Terceira instantânea.
A tradução como possibilidade impossível. O que é mais de uma língua. O que deve ser mais de uma língua.

Foi em *Des tours de Babel* (1987)[28] que Derrida abordou e enfatizou inicialmente as questões múltiplas da tradução: a tradução como dívida que não se pode mais quitar, a tradução como aquilo que tem de ser feito ainda que seja impossível, o mito de Babel como a tradução da tradução, como a impossibilidade do projeto de construção, como a transparência proibida, como a univocidade impossível entre as línguas.

Não gostaria de repetir ou escrever sem assinatura, aqui, o que já foi largamente escrito e discutido em outros textos acerca dessas questões, tanto pelo próprio Derrida[29] quanto por outros autores[30]. O que sim me parece interessante é tornar mais explícito de um lado o mito de Babel como o mito da tradução; e, de outro, a relação que se dá entre a vida de um texto, a sobrevivência e a não-sobrevivência do texto no decorrer da sua tradução.

O mito de Babel, como já se sabe, está inscrito no Gênesis, no qual se narra como a tribo dos SHEM – que significa "nome" em hebreu – decide se fazer de um nome,

---

[27] Jacques Derrida. Entrevista com Christian Descamps, en *Jacques Derrida. Una teoría de la escritura, la estrategia de la desconstrucción*. Barcelona: Anthropos, 93, 1989. p. 28.

[28] Utilizo para este texto a versão em português: DERRIDA, Jacques. *Torres de Babel*. Belo Horizonte: Editora UFMG, 2002.

[29] Por exemplo, em DERRIDA, Jacques. *El lenguaje y las instituciones filosóficas*. Barcelona: Editorial Paidós, 1995.

[30] Por exemplo, em LARROSA, Jorge; SKLIAR, Carlos. (Orgs.) *Habitantes de Babel. Política e poética da diferença*. Belo Horizonte: Autêntica, 2002; e também em LARROSA, Jorge. *Linguagem e Educação depois de Babel*. Belo Horizonte: Autêntica, 2004.

edificando uma torre e impondo violentamente a sua língua – a palavra em hebreu para língua é lábio – a todos os demais povos da terra. Para castigar aos SHEM, por ter semelhante ambição, Deus destrói a torre, impondo um nome que ele tem escolhido e que é o seu próprio nome – "Babel" – o nome que os SHEM traduzem como "confusão". Deus dispersa as tribos e condena aos homens à confusão, à diferenciação e à multiplicidade das línguas, assim como à necessidade de traduzir:

Ele os destina à tradução, ele os sujeita à lei de uma tradução necessária e impossível [...] Tal insolubilidade encontra-se marcada diretamente no nome de Babel: que ao mesmo tempo se traduz e não se traduz, pertence sem pertencer a uma língua e endivida-se junto dele mesmo de uma dívida insolvente, do lado dele mesmo como outro[31].

A dívida da tradução é insolúvel, é impossível e nunca poderá ser quitada. Daí que Babel seja pensada sempre como um castigo e como uma culpa. Mas a dívida que nunca se quitará não é uma culpa, nem um castigo, e sim uma situação que se caracteriza pela condição de devolução, pelo fato de o tradutor ter como tarefa aquela de devolver o que devia ter sido dado. Se a dívida da tradução é uma dívida insolúvel, impossível, também isso (nos) revela uma espécie de transferência, de amor e de ódio

[...] de quem está em situação de traduzir, intimado a traduzir, em relação ao texto a traduzir .... da língua e da escritura, do liame de amor que assina as núpcias entre o autor do 'original' e sua própria língua[32].

Mas Babel não representa somente aquilo impossível, a dívida impagável, a multiplicidade irredutível das línguas; exibe, isso sim, alguma coisa inacabada e a impossibilidade de completar, de totalizar, de saturar, de edificar, de terminar alguma coisa que pertence à ordem da construção. Não se trata somente de não poder se traduzir de "verdade"

---

[31] DERRIDA, Jacques. *Torres de Babel.* op. cit., p. 25-26.
[32] *Ibidem*, p. 28.

um texto, uma língua, qualquer língua, no interior de cada língua, de todas as línguas; ocorre, também, que toda construção deve ser compreendida no sentido da impossibilidade de construir, da presença da incompletude:

O que a multiplicidade de idiomas vai limitar não é apenas uma tradução 'verdadeira' [...] transparente e adequada, mas também uma ordem estrutural, uma coerência do *constructum*.[33]

A multiplicidade das línguas permite colocar sob suspeita a homogeneidade, a identidade e a integridade do sistema lingüístico, prerrogativas sob as quais se sustentam as teses tradicionais de legibilidade e, também, da colonialidade derivada do fato de uma língua se impor sobre uma outra. Assim o que há na língua são diferenças; há, sim, diferenças de diferenças.

Ao considerar algumas das idéias de Walter Benjamin contidas no texto *Die Aufgabe des Übersetzers*[34/35], em relação à missão do tradutor, Derrida compreende logo que o que há nesse texto é um destino de engajamento, de dever, de dívida e de responsabilidade: "O que está em jogo é uma lei, de uma injunção à qual o tradutor deve responder".[36]

De acordo com Benjamin, há a necessidade de que o texto original sobreviva e essa seria a tarefa do tradutor: fazer com o que texto original viva na sobrevivência que lhe dá, ou pretende dar-lhe, a tradução. Derrida entende que há ali um paradoxo, um paradoxo vital, um paradoxo, então, mais do que necessário:

> [...] um texto não vive mais que se sobrevive, e não sobrevive mais que se é por sua vez traduzível e intraduzível.

---

[33] *Ibidem*, p. 12.

[34] BENJAMIN, Walter. The task of the translator. In: SHULTE, R; BRIGUENEt, J. (Eds.). *Theories of translation: an anthology of esays from Fdryden to Derrida*. Chicago: University of Chicago Press, 1992. p. 71-82.

[35] Veja-se neste sentido o excelente livro de Crsitina Carneiro Rorigues. *Tradução e Diferença*. São Paulo: Editora UNESP, 1999.

[36] DERRIDA. *Torres de ... op. cit.*, p. 27.

Totalmente traduzível, desaparece como texto, como escrita, como corpo da língua. Totalmente intraduzível, inclusive no interior do que se pensa que é uma língua, morre imediatamente.[37]

Quarta instantânea.
A hospitalidade e a questão (que é) do outro. E se a questão não é do outro: a hostilidade. Enfim: O outro é segredo porque é o outro.

Nos textos em que Derrida (nos) apresenta a questão da hospitalidade, da diferença entre a Lei e as leis da hospitalidade, pode-se advertir com clareza a homenagem que ele presta e a herança que se faz presente do filosofo lituano Emmanuel Lévinas. Herdeiro das noções de acolhida e da atenção ao outro – sobretudo no livro *Adeus a Emanuel Lévinas* [38] –, Derrida escreve que:

> A palavra 'hospitalidade' vem aqui a traduzir, levar adiante, re-produzir, as outras duas palavras que lhe tem precedido, 'atenção' e 'acolhida' [...] uma série de metonímias dizem a hospitalidade, o rosto, a acolhida: a tensão para com o outro, intenção atenta, atenção intencional, sim ao outro. A intencionalidade, a atenção à palavra, a acolhida do rosto, a hospitalidade, são a mesma coisa, mas o mesmo enquanto acolhido do outro, ali onde ele se subtrai ao tema.[39]

Na citação anterior, várias são as questões que podem ser pensadas, questionadas, percebidas, aprofundadas. Mas o que, ao meu ver, há de mais interessante, de mais original nela, é a sugestiva idéia de que não haveria hospitalidade – nem atenção, nem acolhida, nem rosto, nem palavra, nem relação – se o outro é uma temática, se o outro é feito uma temática, se o outro se nos aparece como temática. Poderíamos pensar assim: o outro não é uma temática, o

---

[37] DERRIDA, Jacques. *El lenguaje y las instituciones* .... op. cit., p. 72.
[38] DERRIDA, Jacques. *Adiós a Emmanuel Lévinas. Palabra de acogida*. Madri: Editorial Trotta, 1998.
[39] *Ibidem*, p. 40-41.

outro não pode ser tematizado; o outro tematizado não é, com certeza, o outro.

Derrida inicia um dos seus textos mais conhecidos e recentes, relativos à essa questão[40], com uma pergunta taxativa, uma pergunta que atua como uma separação, como uma fronteira, uma pergunta que distingue, que provoca o confronto entre o que poderíamos nomear como a *preocupação com o outro*, de um lado, e a *obsessão pelo outro*, de outro lado. Digamos que a preocupação com o outro denota uma ética que é, que deve ser anterior ao outro, a qualquer outro, ao seu rosto, a qualquer rosto, ao seu nome, a qualquer nome; a obsessão, por sua vez, denota a necessidade de saber o nome do outro, de cada outro, de conhecer especificamente o seu rosto, cada rosto e, então, de estabelecer um discurso acerca da responsabilidade com esse outro que é específico.

Mas há uma questão que, inclusive, é anterior à preocupação e à obsessão pelo outro. Em todos os discursos sobre a alteridade, em todos os textos que se referem ao outro, aos outros, em todas as escritas em que emerge, pontual, a pergunta em relação ao outro: de quem é a pergunta? é uma pergunta que é nossa sobre o outro? uma pergunta que é dirigida para o outro? uma pergunta que pressupõe que outro é aquele que deve responder? ou se trata de uma pergunta que é do outro, da sua propriedade, que vêm do outro? A pergunta primeira em relação ao outro é nossa ou é do outro?

Derrida escreve da necessidade, urgente, de pensar na pergunta do estrangeiro. Porém, antes de ser uma questão a tratar, antes de se naturalizar como pergunta, antes, inclusive, de designar um conceito, uma temática, um problema,

---

[40] DERRIDA, Jacques; DUFOURMANTELLE, Anne. *Anne Dufourmantelle convida Jacques Derrida a falar da Hospitalidade*. São Paulo: Escuta, 2003. Neste texto utilizo a versão em espanhol: La hospitalidad. Buenos Aires: Ediciones de la Flor, 2000.

um programa, ele nos diz que essa pergunta é, ao mesmo tempo, uma pergunta do estrangeiro, que vêm do estrangeiro, e uma pergunta ao estrangeiro, dirigida ao estrangeiro:

> Como se o estrangeiro fosse aquele que coloca a primeira pergunta ou aquele a quem se dirige a primeira pergunta. Como se o estrangeiro fosse o ser-em-questão, a pergunta mesma do ser-em-questão, o ser-pergunta ou o ser-em-questão da pergunta.[41]

Para além de querer definir o que é um estrangeiro, ou de responder à pergunta falsa e falaz de quem é o outro, ou de querer saber de quem é a primeira pergunta, Derrida sugere que é a hospitalidade – e, então, a acolhida, a atenção, o rosto, a responsabilidade, etc. – o que designa a relação com o outro-estrangeiro, com qualquer outro-estrangeiro, com todo/s o/s outro/s-estrangeiros.

A hospitalidade se apresenta, antes de mais nada, como o ato de receber o outro, um ato desmesurado, no qual se recebe para além da "capacidade do eu"[42]; mas, também, ela se nos revela com uma dupla face, com uma ambigüidade que lhe é constitutiva, com alguma coisa que é tanto ilimitada quanto limitada, tanto incondicional quanto condicionada: a Lei, com maiúsculas, e as leis, com minúsculas, da hospitalidade. É possível dizer que a Lei da hospitalidade é incondicional: trata-se do abrir as portas da casa, das nossas casas, sem fazer nenhuma pergunta; é aquela atitude de ser hospedeiros sem pôr nenhuma condição; trata-se de hospedar sem que o outro-estrangeiro nos solicite hospedagem, sem que nos peça hospedagem na nossa língua; e é o ato de hospedar sentido, assim, como ser também hóspede. De outra forma, as leis da hospitalidade impõem condições, nos fazem impor condições: é o outro que tem-nos de pedir hospedagem, é o outro que deve revelar as suas intenções, é o outro que tem que apresentar-nos

---

[41] *Ibidem*, p. 11.
[42] DERRIDA. *Adeus a Emmanuel* .... *op. cit.*, p. 44.

a documentação, é o outro quem deve, sendo estrangeiro, falar a nossa língua para pedir hospitalidade.

Mas então: há uma pergunta a se fazer ao outro estrangeiro em relação à hospitalidade? Ou não há perguntas a se fazer, nenhuma pergunta?:

> A hospitalidade consiste em interrogar a quem recém chega? Começa pela pergunta dirigida a quem recém chega? [...] Ou bem a hospitalidade começa pela acolhida sem pergunta, em um apagamento duplo, o apagamento da pergunta e do nome? É mais justo e mais amoroso perguntar ou não perguntar? [...] Ou bem a hospitalidade se oferece, dá-se ao outro antes de que se identifique, inclusive antes de que seja sujeito, sujeito de direito e sujeito nominável pelo seu sobrenome?[43]

Essa dupla face da hospitalidade não constitui para Derrida uma simples oposição entre o bem, a Lei, e o mal, as leis. Não, não se trata de um binarismo a mais, onde temos que optar por uma ou outra forma de hospitalidade:

> Nos textos [...] analiso aquilo que, entre 'o incondicional' e 'o condicional', não é, porém, uma simples oposição. Se ambos os sentidos da hospitalidade permanecem irredutíveis um para o outro, sempre é preciso, em nome da hospitalidade pura e hiperbólica, para fazê-la o mais efetiva possível, inventar as melhores disposições, as condições menos ruins, a legislação mais justa. Isso é preciso para evitar os efeitos perversos de uma hospitalidade ilimitada [...] Calcular os riscos, sim, mas não fechar a porta ao incalculável, quer dizer, ao porvir e ao estrangeiro, essa é a dupla lei da hospitalidade.[44]

É bem certo que essa dupla lei da hospitalidade pode-se acabar transformando numa outra dualidade que é bem diferente: é a dualidade que Derrida nos apresenta entre a hospitalidade e a hostilidade; dualidade que, em verdade, poderia também se traduzir em uma única expressão, em uma única

---

[43] DERRIDA. *La hospitalidad ... op. cit.*, p. 33.

[44] Jacques Derrida. El principio de hospitalidad. Entrevista realizada por Dominique Dhombres. *Le Monde*, 2 de dezembro de 1997.

relação com o outro: a hospitalidade (*hospes*) que é hostil (*hostes*) ao outro, enfim, a *hospitalidade hostil* para com o outro.

E por último: (intentar) desconstruir a educação

Mas é possível falar em "Derrida & Educação"? Poderíamos responder a essa questão a partir de um dos dois textos de Derrida, que tratam sobre a questão específica da Universidade.[45]

Em primeiro lugar, Derrida escreve que a universidade moderna, aquela cujo modelo europeu tem-se tornado predominante há dois séculos nos Estados de tipo democrático, *deveria ser uma universidade sem condição*. Dita universidade exige, e se lhe deveria reconhecer, para além da liberdade acadêmica, uma liberdade incondicional de questionamento e de proposição e, inclusive, o direito de dizer publicamente tudo o que lhe sugerem uma pesquisa, um saber e um pensamento da verdade. É curiosa a expressão "verdade" em Derrida, mas, ainda que essa expressão seja enigmática, a sua referência parece ser bastante fundamental já que, segundo ele, a encontramos sempre junto com a luz (a *Lux*) nos símbolos de quase todas as universidades do mundo.

A Universidade fez e faz uma profissão da verdade, declara e promete um compromisso sem limite para com a verdade. Sem dúvida, o estatuto e o devir da verdade, o mesmo que o valor da verdade, dá lugar a uma série infinita de discussões, mas isso é o que se discute justamente, e de forma privilegiada, na Universidade e, sobretudo, nos departamentos pertencentes às Humanidades.

Derrida sublinha que a questão da verdade e a questão da luz, das luzes, têm sido sempre implicadas com o conceito de homem, de humanismo e de humanidades. Na atualidade, a declaração dos Direitos do Homem (1948) e o conceito jurídico de Crime contra a humanidade (1945) conformam o

---

[45] DERRIDA, Jacques. *Universidad sin condición*. Madri: Editorial Trotta, 2002.

horizonte da mundialização. Derrida utiliza aqui o termo mundialização, e não globalização, com o intuito de manter a referência a um "mundo" que não é nem o globo, nem o cosmos, nem o universo. É a rede conceitual do homem, do próprio do homem, do direito do homem, do crime contra a humanidade do homem, aquilo que organiza essa mundialização. E a mundialização gostaria de ser, então, uma humanização. Se o conceito de homem é problemático não se pode discutir esse conceito, como tal e sem condição, senão no espaço daquilo que Derrida menciona como as *novas* humanidades. Mas não para se encerrar nas Humanidades e sim, pelo contrário, para se achar o melhor acesso a um novo espaço público, transformado pelas novas tecnologias de comunicação, de saber, de arquivamento e de produção do saber.

Mas, o que Derrida escreve é que essa universidade, essa universidade sem condição não existe, de fato, como todos nós o sabemos. Porém, e de acordo com a sua vocação declarada, ela deveria continuar sendo um último lugar de resistência *mais do que crítica* frente a todos os poderes de apropriação dogmáticos e injustos. *Mais do que crítica* significa aqui o fato de ser desconstrutiva:

> Faço um apelo ao direito da desconstrução como direito incondicional a colocar questões críticas não somente á história do conceito do homem, mas a história mesma da noção de crítica, a forma e a autoridade da questão, a forma interrogativa do pensamento.[46]

Esse apelo se dá justamente porque a desconstrução – como já foi dito – supõe um direito de fazê-lo afirmativa e performativamente. Ou seja, produzindo acontecimentos, como, por exemplo, escrevendo e dando lugar a obras singulares. Uma conseqüência desta tese seria que, incondicional, a universidade poderia se opor a um grande número de poderes – poderes estatais, econômicos, da mídia, ideológicos, religio-

---

[46] *Ibidem*, p. 17.

sos e culturais – em síntese, a todos os poderes que, como diz Derrida, limitam a democracia porvir. A universidade deveria, portanto, ser também o lugar no qual nada está a salvo de ser questionado, nem sequer a figura atual e bem determinada da democracia e também não a idéia tradicional de crítica, como crítica teórica, nem a forma do questionamento.

Temos aqui, então, o que poderia ser definido como uma universidade sem condição, o direito primordial a dizê-lo tudo, ainda que fosse como ficção e experimentação do saber, e o direito de dizê-lo tudo publicamente, de publicá-lo. É isto aquilo que distingue a instituição universitária de outras instituições, daquelas instituições fundadas no direito ou o dever de dizer tudo – como, por exemplo, a confissão religiosa e a livre associação na situação psicanalítica.

Derrida diferencia, assim, a universidade de todas as instituições de pesquisa que estão a serviço de finalidades e interesses econômicos de todo tipo, sem que se lhes reconheça a independência de princípio da universidade. E escreve:

> sem condição tanto quanto incondicional para dar a entender a conotação de 'sem poder' ou de 'sem defesa': porque é absolutamente independente, a universidade também é uma cidadela exposta.[47]

****

Pois então: é possível falar em Derrida & Educação? Ou, melhor: É possível escrever em Derrida & Educação?

Sim, se somos fielmente infiéis a sua herança.

Sim, porque a questão é do outro.

Sim, pois somos hóspedes de uma hospitalidade sem condição.

Sim, se o que se escreve e se assina com a própria assinatura.

Sim, porque temos uma dívida e porque somos incapazes de quitá-la.

---

[47] *Ibidem*, p. 29.

Sim, porque estamos nesse lugar sem lugar que é o não-conhecimento.

Sim, se damos a nossa escrita uma data, uma data que se torna compreensível e incompreensível ao mesmo tempo.

Sim, porque queremos que a Universidade nos deixe dizer tudo e dizê-lo, também, sem condições.

Pois sim.

Pois não.

CAPÍTULO I

É POSSÍVEL UM TERRITÓRIO FAMILIAR ESTAR AO MESMO TEMPO ESTRANGEIRO?

Leandro Belinaso Guimarães[1]

Quando escrevo, de onde vem as perguntas que nutrem meu texto? Sinto-me desconfortável, em uma posição instável, ao não conseguir precisar esse "lugar" de origem das perguntas que me permitem escrever. Aliás, parece mesmo impossível pensar sobre o "lugar" de onde elas vêm. Pouco sei também se escrevo com perguntas que me chegam ou se são as que já estavam em mim. Muitas vezes vibram afirmações em minha escrita e as registro sem interrogações, esclarecendo, explicando, algumas certezas que parecem já estarem bastante assentadas, coladas ao meu corpo a ponto de se fundirem a ele e a se mesclarem em uma só pele. Porém, vou supor, agora pelo menos, que escrevo a partir de perguntas que me tocam (chegam e me provocam). Perguntas que me atingem como que vindas pelo vento, como sopros, como brisas do mar. E estas parecem chegar de um horizonte infinito e incalculável. Parece até mesmo impossível avistar uma origem, um "lugar" de partida. E mesmo assim quero continuar indagando de onde vem as perguntas que me fazem escrever. Seria essa uma obsessão pela posse, ou seja, as quero tomar e ter como minhas? Quero fazê-las familiar a ponto de ser, somente, minhas (ou pelo menos que dizem respeito a mim) as perguntas que me fazem escrever?

Vou, então, agora, pensar que não preciso mais da pergunta sobre o "lugar" das perguntas que me fazem escrever.

---

[1] Professor do Centro de Educação (CED), da Universidade Federal de Santa Catarina (UFSC). Doutorando em Educação, Universidade Federal do Rio Grande do Sul (UFRGS).

Porém, não consigo. Simplesmente, não me sinto tranqüilo para, simplesmente, largar, deixar a esmo, essa questão. Quero ainda insistir em continuar mantendo viva tal indagação (pelo menos no início desse texto). E quando penso que posso ver com algum detalhe esse "lugar" (somente essa sensação me permitiria insistir nesse questionamento), meus olhos somente enxergam linhas turvas, como um horizonte longínquo que parece perdido, visto ao fundo, de forma não-focada, em um entardecer, no qual estou mirando um vasto mar, um imenso lago, um enorme rio (nada parece haver do outro lado da margem, ou melhor, quem sabe não há margem definida ou, então, somente há margem). Será desse espaço indefinido, longo e amplo, porém, ao mesmo tempo em que está claro e ensolarado, como todo entardecer, o horizonte que avisto vai paulatinamente se colorindo (vermelhos, roxos e amarelos misturam-se produzindo por minutos fugidios tons singulares no céu) e depois (segundos quase concomitantes), também escurecendo lentamente, tornando-o ainda mais turvo, ainda mais impreciso que as perguntas (as quais me fazem, aqui, escrever) saíram? Como um entardecer que vai, ao mesmo tempo em que está claro e luminoso, colorindo, escurecendo e tornando cada vez mais impreciso, turvo e instável um horizonte qualquer, não posso mais perguntar pelo "lugar" de origem das perguntas que me chegam. Nesse movimento quase impossível de estabelecer um foco preciso sobre aquilo que vejo, de instituir uma visão límpida e cristalina, e, ainda, de tecer uma resposta imediata sobre esta indagação aparentemente tão primordial, também não consigo tomar as perguntas que faço como simplesmente minhas. Elas pairam, então, em um "lugar" qualquer, em um "lugar" indefinido e impreciso, em um horizonte um pouco claro (cegamente claro), um pouco colorido (nebulosamente colorido) e um pouco, também, escuro (limpidamente escuro)? Talvez. Quem sabe nem tenham chegado, mas apenas atravessado esse instante que escrevo. Se não são, simplesmente, minhas e não sei (não posso ver nitidamente) de onde vieram, posso, quem sabe, apenas, *inventar* respostas a essa indagação impertinente que me faz sofrer pela impossibilidade de apreensão e clareza? Quiçá, possa não *inventar* respostas, mas novas perguntas e não mais perguntar pelas perguntas. Porém, posso também fazer outra pergunta sobre as perguntas que me chegam, ou melhor, que me tocam, que me permitem escrever.

Uma outra pergunta, então, sobre as perguntas seria sobre quem as formula. Não apenas de onde vem, mas de quem parte. E aqui faço essa indagação sob inspiração de Jacques Derrida (2003): sou eu que materializo as perguntas que me movem à escritura (por elas serem minhas) ou elas são questões vindas *do* estrangeiro, dirigidas *ao* estrangeiro ou, ainda, são questões *de* estrangeiro? Essas são indagações que permitem continuar pensando mais um pouco sobre as perguntas que me permitem escrever. E elas, afirmo sob inspiração de Derrida, podem ser formuladas para alargar as possibilidades de escrita ao incluir, em suas próprias formulações, uma tensão que permita uma ampla possibilidade de outras perguntas. Parece haver, então, uma quase impossibilidade da pergunta sobre as perguntas (de onde vem, quem as faz), pois que cada uma delas (que contenha em seu próprio âmago uma tensão) permitiria uma abertura imediata a inúmeras outras. Um movimento infinito. Um movimento da *différance*.[2]

Uma mobilidade que consistiria, primeiramente, "em diferir, por retardo, delegação, adiamento, reenvio, desvio, prorrogação, reserva (DERRIDA, 2001, p. 14)". A *différance* permitiria "pensar o processo de diferenciação para além de qualquer espécie de limites" (DERRIDA, 2004, p.33). Um movimento de espaçamento, anárquico, imprevisível, sem controle. Não está precedida por uma unidade original, por um "lugar" presumível, por um sentido universal. Não é efeito de uma oposição. Esta sim que pode ser vista, quem sabe,

---

[2] "A atividade ou a produtividade conotadas pelo *a* da *différance* remetem ao movimento gerativo no jogo das diferenças. Essas últimas não caíram do céu nem estão inscritas de uma vez por todas em um sistema fechado, em uma estrutura estática que uma operação sincrônica e taxonômica pudesse esgotar" (DERRIDA, 2001, p. 33).

como um dos efeitos da *différance*.³ Sua mobilidade não nos deixa jamais antever o "lugar" onde ela habita. Parece não haver o "lugar" da *différance*. As perguntas vistas como derivação desse movimento, talvez, jamais habitem um "lugar" determinado, pois, ao ser este demarcado, presumivelmente assentado, elas imediatamente escapariam. Já não estariam mais ali onde pensávamos que as perguntas estivessem, confortadas em sua suposta localização original. Quiçá, ao perguntar pelo "lugar" das perguntas que nos movem a escrever, elas mesmas já estejam outras, já se espacializaram, diferiram, desviaram. Articularam-se de outras formas e se movimentaram, nos acariciando a pele, como leves e breves brisas do mar.

Uma pergunta parece poder indicar que há dois lados de uma mesma moeda (dessa forma, duas respostas seriam possíveis: isso ou aquilo) ou, então, o que poderia haver não é uma moeda com dois lados, mas um monstro polígono (ou um polígono-monstro) com vários e incontáveis lados (assim um rol infinito de respostas, ou melhor, de novas perguntas, seriam possíveis: isso e aquilo e isso também e aquilo inclusive e...). Cada um dos lados do monstro polígono (ou do polígono-monstro), ainda, podendo ser configurado de diferentes formas. Caberia, então, aqui, ainda, perguntar sobre as perguntas? Elas devem exigir uma ou duas respostas? Elas devem ser dirigidas para que alguém as responda? E se não houver interlocutor algum para as perguntas que forem feitas? E se forem compostas, apenas, para que alguém possa continuar conseguindo escrever?

****

Quem faz as perguntas em uma prática intitulada como educação ambiental? Ao percorrer uma trilha interpretativa em um parque de proteção ambiental, quem permite, concede, formula as perguntas? Faz-se daquele lugar por onde se caminha uma terra estrangeira ou se quer torná-la familiar?

---

³ "O movimento da *différance*, na medida em que produz os diferentes, na medida em que diferencia, é, pois, a raiz comum de todas as oposições de conceitos que escandem nossa linguagem" (DERRIDA, 2001, p. 15).

Em uma operação de familiarização quais perguntas são permitidas fazer? Da mesma forma, se fosse estrangeirar aquele parque, aquela trilha, as perguntas seriam outras? Seriam também outros que fariam perguntas?

Uma trilha interpretativa (uma das nomeações para tais práticas em educação ambiental) em um parque de proteção ambiental *exige* um guia que funcionaria como um educador ambiental. No caminho a ser percorrido haveria alguns pontos de parada. Lugares onde haveriam "coisas" que necessitam de explicação. Neles, as perguntas poderiam ser feitas. E elas seriam uma derivação da explicação. Daquilo que, na trilha, havia se transformado em conteúdo pedagógico da educação ambiental. O nome de uma planta, seus usos. O rastro de um animal, seus hábitos. Os restos de uma edificação humana, seus problemas. Um pouco talvez da história daquele parque, da sua importância, das suas normas. Um pouco, quem sabe, da biodiversidade. Desse olhar, como chamou Skliar (2003), "zoológico sobre o outro", em que a alteridade se apresenta, (inclusive na narrativa da educação ambiental) como ordenada geometricamente, "em perfeito equilíbrio e sem nenhuma relação, sem nenhuma intertextualidade entre as multiplicidades que a compõem" (p. 205).

Mas e se de repente não houvesse mais nenhum caminho previamente definido? E se não houvesse nada para ser explicado? Nenhum ponto de parada. E se desviássemos do caminho? E se caminhássemos em silêncio? E se nos perdêssemos por alguns instantes?

E se a trilha fosse à noite (na madrugada)? E em uma noite de lua nova, em uma escuridão que nos exigiria escutar, tatear, cheirar para podermos nos movimentar. E se ela fosse nas ruas e praças do bairro onde moramos e fosse feita totalmente em silêncio. Que cheiros e sabores nos inundariam? Que perguntas nos mobilizariam? E se de repente aquelas ruas tão familiares durante o dia forem tão estrangeiras, tão estranhas, tão misteriosas durante a noite? Na penumbra de uma madrugada silenciosa e sombria.

E se a trilha, nas ruas e praças que nos são tão familiares, fosse mesmo durante o dia, mas, agora, feita sem termos lugar algum onde chegar, sem termos pressa alguma ao caminhar, sem querermos pergunta alguma fazer, aquelas ruas tão familiares nos seriam de repente assustadoramente estrangeiras? Que educação ambiental seria produzida nessa trilha onde algo tão familiar nos parece, ao mesmo tempo, tão estrangeiro?

O parque, através, entre outras coisas, das trilhas de educação ambiental, impõe sua língua a todos aqueles que nele irão viver e a todos aqueles que a ele virão visitar. Nessa imposição de uma só língua, a hospitalidade, quiçá, oferecida, só pode ser regida por algumas leis que dizem em qual língua deve-se, naquele território, falar. Aquela que hostiliza a língua do outro, que obriga o estrangeiro a falar, apenas, a língua daquele que hospeda.[4] Aquele que chega, aquele que já estava lá, ficou, ou saiu e retornou (permaneceu ou foi expulso), agora, precisa falar a língua exigida pelo parque, seja na sua condição de estrangeiro eternamente hóspede (os seres vivos que poderão, por concessão ou, quem sabe, por piedade, viver no parque), seja naquela de estrangeiro que solicita hospedagem por alguns momentos (aqueles seres vivos humanos que só podem estar no parque por alguns instantes).

Os seres vivos são estrangeiros em sua própria terra, pois que são regidos pelas leis da hospitalidade do parque, pela língua que lhes é imposta (a responsabilidade pelas suas vidas é do parque e vai até os limites impostos pelo mesmo). Os seres vivos humanos são também estrangeiros (devem solicitar a hospedagem) em uma terra que se deseja apresentar-se como familiar (só se concede hospedagem àquele que tem um nome, uma identidade),[5] mas que impõe sua língua para todo aquele que chega.

---

[4] "Ele [o estrangeiro] deve pedir hospitalidade numa língua que, por definição, não é a sua, aquela imposta pelo dono da casa, o hospedeiro, o rei, o senhor, o poder, a nação, o Estado, o pai, [o parque] etc. Estes lhe impõem a tradução em sua própria língua, e esta é a primeira violência" (DERRIDA, 2003, p.15).

[5] "Não se oferece hospitalidade ao que chega anônimo e a qualquer um que não tenha nome próprio, nem patronímico, nem família, nem estatuto social,

E se o estrangeiro (aquele que chega ou retorna) contestar a autoridade do chefe, do pai, do dono do lugar, do poder da hospitalidade?[6] Porém, quem é o estrangeiro? Aquele que chega para fazer uma trilha interpretativa de educação ambiental? Mas e se o estrangeiro for aquele que foi expulso do parque? Aquele que em uma terra que lhe era familiar (pois que era sua morada) passou a habitar uma terra que foi se tornando pouco a pouco estrangeira e cada vez mais distante (uma estranha e proibida morada).

Somente ele (o estrangeiro em sua própria terra) poderia questionar o poder da hospitalidade, ao ser ele próprio hostilizado, agora, a falar a língua daquele que detém a possibilidade da concessão da hospitalidade. Dessa hospitalidade condicional que pergunta por aquele que chega (por sua identidade, por seu nome). Porém, aquele que foi expulso volta para questionar o poder da hospitalidade. O estrangeiro clama pelo caráter incondicional da hospitalidade.[7]

É o parque (com seres humanos hospedados, ou não, em seus limites) e suas leis da hospitalidade que permitem os diferentes seres vivos continuarem vivendo? Por que as vidas, para poderem ser vividas, precisam estar enclausuradas em um parque? A questão é preservar diferentes formas de vida, controlando, limitando suas expansões, suas transformações, suas perturbações aos nossos modos de vida? E se disséssemos sim a qualquer forma de vida que chegasse em nossa casa, haveria, ainda, necessidade, de parques de proteção ambiental? Quais seres vivos nós hospedamos em

---

alguém que logo seria tratado não como estrangeiro, mas como um bárbaro (DERRIDA, 2003, p. 23). [...] A hospitalidade consiste em interrogar quem chega? Ela começa pela questão endereçada a quem vem [...]: como te chamas? (p. 25). [...] Ou a hospitalidade se *torna*, se dá ao outro antes que ele se identifique, antes mesmo que ele seja sujeito, sujeito de direito e sujeito nominável por seu nome de família etc.?" (p. 27).

[6] "Como se o Estrangeiro devesse começar contestando a autoridade do chefe, do pai, do chefe da família, do 'dono do lugar', do poder da hospitalidade..." (DERRIDA, 2003, p. 07).

[7] "Essa lei incondicional da hospitalidade, se pode pensar nisso, seria então uma lei sem imperativo, sem ordem e sem dever" (DERRIDA, 2003, p. 73).

nossa casa e, com isso, nós os hostilizamos? Hospedamos para proteger alguns "outros" seres vivos ou para nos deleitar de sermos humanos? Hostilizamos para nos proteger dos muitos "outros" seres vivos, ou para nos deleitar de sermos quem oferece a hospedagem?

****

De onde vieram todas essas perguntas? Que outras perguntas permitiriam outras escrituras? Afinal, que perguntas (de onde elas vêem, quem as formula) tornam possível a que um território familiar seja ao mesmo tempo perigosamente estrangeiro?

Referências

DERRIDA, Jacques. *Posições*. Belo Horizonte: Autêntica, 2001.

DERRIDA, Jacques; DUFOURMANTELLE, Anne. *Anne Dufourmantelle convida Jacques Derrida a falar da Hospitalidade*. São Paulo: Escuta, 2003.

DERRIDA, Jacques; ROUDINESCO, Elisabeth. *De que amanhã: diálogo*. Rio de Janeiro: Jorge Zahar, 2004.

SKLIAR, Carlos. *Pedagogia (improvável) da diferença: e se o outro não estivesse aí?* Rio de Janeiro: DP&A, 2003.

A BABEL ELETRÔNICA – HOSPITALIDADE E TRADUÇÃO NO CIBERESPAÇO

Karla Saraiva[1]

O outro, em tanto que outro, não é somente um alter ego. Ele é o que eu não sou.[2]

[Conecto-me à Internet e nela está um outro, um outro sem rosto, um outro que é um rosto, um outro sem nome, que me pede hospitalidade, que não fala minha língua. Como deixá-lo ser Outro, não torná-lo eu mesmo e, ainda assim, recebê-lo em minha cibercasa?]

A leitura de Derrida deixa-me, sobretudo, o sentimento de uma dívida. Gradativamente fui me sentindo endividada para com o outro, colocando-me o compromisso de resgatar essa dívida, de buscar meios de saldá-la, mesmo sabendo-a impagável. Não importa: ainda que não possamos alcançar a plenitude, temos o compromisso ético de estarmos continua e permanentemente buscando fazê-lo. Os textos derridianos nos interpelam fortemente sobre nossa relação com o outro, de forma contundente, ainda que nunca prescritiva. A contundência não está nas respostas, mas na pergunta. Derrida nos coloca em tensão, numa permanente construção e desconstrução. Cada enunciado é carregado de suspeita. Ler Derrida é andar no fio da navalha. Derrida dá a pensar. A questão do outro ou a questão do Outro? A quem me dirijo e a quem devo me dirigir? Devo me dirigir? São questões que não exigem resposta, mas escuta.

---
[1] Doutoranda em Educação, Universidade Federal do Rio Grande do Sul.
[2] LEVINAS *apud* DERRIDA, 1997, p. 168

Talvez Derrida exija que sejamos mais do que nunca pitagóricos, que como os discípulos de Pitágoras devamos guardar um silêncio respeitoso e aprender a escutar. Certo que não para descobrir a verdade, mas para desconstruir a verdade. O leitor de Derrida deve saber escutar para deixar ressoar suas infinitas questões.

E talvez a questão pela qual se deva começar é pela questão do Outro. E talvez a questão do Outro deva não partir de mim. E há de se questionar as existências do Outro e do mesmo. O Outro é aquele que não se tematiza e que não posso conhecer. Tematizar o outro é representá-lo como uma analogia ou como uma dobra do mesmo, "ou seja, de certo modo, o mesmo que eu".[3] O Outro não pode ser pensado em conjunto com o mesmo, pois que senão deixa de ser o Outro. Pensar o Outro em conjunto com o mesmo é categorizar, hierarquizar. Formar um binário em que, necessariamente, existe um pólo superior e outro inferior. Pensar o Outro na relação com o Mesmo é transformá-lo em outro qualquer mesmo. A relação com o Outro não pode ser uma relação em que nos colocamos lado a lado para olhar o sol da verdade platônica, numa mirada que a todos homogeneíza. A relação com o Outro é uma relação frente a frente, olhando o Outro que é um rosto sem nome. Nomear o Outro é negar sua ipseidade, é produzir a mesmidade. "O eu é o mesmo".[4]

Devo faltar ao Outro como parte, como comunhão, mas não devo faltar ao compromisso com o Outro. O Outro, completamente Outro, se manifesta como uma certa ausência. É impossível conhecer o Outro e só pela tentativa já o torno outro. Minha relação com o Outro deve-se pautar numa ética de acolhida, de escuta à questão do Outro. Não posso falar do Outro, mas somente falar ao Outro. Só conheço e só posso falar do mesmo. Conhecer o Outro é uma obsessão que não permite relação. O encontro com o Outro é "a

---

[3] DERRIDA, 1997, p. 171.
[4] *Idem*, p. 127.

única saída, a única aventura fora de si, rumo ao imprevisivelmente-outro. Sem esperança de retorno"[5]. O encontro com o Outro não é contato, mas separação, é uma abertura para o tempo porvir. "Esse porvir não é outro tempo, uma manhã da história. Está presente no coração da experiência. Presente não de uma presença total, mas como uma pegada"[6]. É o Outro que torna possível existir o tempo. O tempo só existe pela alteridade dos instantes. Se somente existisse a identidade não poderia haver tempo, não poderia haver história.

Respeitar ao Outro é não procurar conhecê-lo, classificá-lo. O respeito ao Outro não busca tematizá-lo. Não é um respeito pela diferença, mas uma contemplação da *différance*. A diferença é composta pelos binarismos que aprisionam e normatizam. A diferença se produz pelo conhecimento do outro e coloca condições na relação, uma relação de estar com o outro, lado a lado, de fazer dele uma analogia do mesmo. A diferença é reconhecida, aceita, tolerada e respeitada. A diferença tematiza o outro, tornando-o faces do mesmo. As diferenças são cores, gêneros, idades, classes de um único mesmo. A *différance* não tem limite,

> permite pensar o processo de diferenciação para além de qualquer espécie de limites: quer se trate de limites culturais, nacionais, lingüísticos ou mesmo humanos. Existe a *différance* desde que exista traço vivo.[7]

A diferença é oposição e distinção, a *différance* é heterogeneidade. A diferença é fixa, a *différance* é movimento. Daí que o mesmo já não pode seguir sendo o mesmo, mas se inscreve na *différance* e torna-se Outro.

Assim, a relação com o Outro só pode acontecer perante a perda de todas categorias, perante uma irredutível relação com a *différance*. Para relacionar-me com o Outro devo colocar-me frente a ele em completo abandono. Frente ao Outro

---

[5] *Ibidem*, p. 129.
[6] *Ibidem*, p. 129.
[7] DERRIDA; ROUDINESCO, 2004, p. 33.

devo ficar perplexo, espantado, abismado. Mas será possível essa relação irredutível e sem limites, essa relação que não quer conhecer, nem tematizar o Outro? Será possível retirar da relação com o Outro toda e qualquer violência, toda e qualquer tentativa de reduzir o Outro ao mesmo? O Outro é o único que posso querer matar e o único que me diz "não matarás". O assassinato do Outro é um exercício de poder lá onde já o poder não alcança. Não posso matar o Outro não porque se me oponha uma outra força, mas por não poder alcançá-lo.

O Outro é sempre estrangeiro que não fala minha língua. Que põe-se em minha frente e coloca sua questão. Questão que eu não ouço e se ouço não entendo, pois estou ocupado em colocar minha questão ao estrangeiro. Nesse afã de entender e conhecer esse Outro que chega em minha porta não posso (não quero?) perceber a questão do estrangeiro.

Devo colocar questões ao estrangeiro? Impor ao estrangeiro minha língua é a primeira violência que cometo. O Outro questiona silenciosamente minha crença de que minha língua seja a única e faz que eu conheça a heterogeneidade. Para que eu receba o estrangeiro, preciso me comunicar com ele, preciso que ele me compreenda e que haja um pacto em que ele aceite (con)viver nas minhas leis. O que chega anônimo será tratado como um bárbaro. Hospitalidade ou hostilidade: o hospedeiro que age segundo as leis da hospitalidade oferecerá uma ou outra, dependendo de quem chega. Aos que conhece, oferece sua casa, aos desconhecidos fecha a porta e abandona ao relento. Aquele que não tenha direito à hospitalidade "só pode introduzir-se 'em minha casa' de hospedeiro, no *chez-soi* do hospedeiro, como parasita, hóspede abusivo, clandestino, passível de expulsão ou detenção".[8] Mas, diferentemente das leis da hospitalidade, a lei da hospitalidade não coloca a questão ao estrangeiro e é absoluta. Receber o incógnito e apagar a questão. Fechar a questão e abrir a porta para aquele Ou-

---
[8] DERRIDA, 2003a, p. 53.

tro, qualquer outro, sem exigências, condições ou regras. E quem é hóspede ou hospedeiro? Será *le hôte* o que chega ou o que já está? Será mera coincidência ou algum tipo de sabedoria, babélica sabedoria, em francês ser a mesma palavra que designa tanto um quanto outro? Pois como se pode saber ao certo quem seja cada um.

Acolher o Outro é ouvir sua questão, que não será formulada na minha língua. Mas em qual língua o estrangeiro irá endereçar sua questão? Em qual língua receberá a nossa? E o que será que eu chamo língua em minha própria língua? Língua poderá ser entendida em seu sentido restrito. Mas também se lhe pode atribuir o sentido mais amplo de ser um conjunto cultural, englobando valores e significados. "Falar a mesma língua não é apenas uma operação lingüística".[9] Falar a mesma língua é partilhar a cultura. Alguém que não fala minha língua, mas com quem compartilho idéias e modos de vida, poderá parecer menos estrangeiro do que um compatriota.

O Outro, o estrangeiro, aquele que não fala minha língua e cuja língua também não falo, traz a questão da tradução. Somos todos estrangeiros desterrados em nossa própria terra, carregando nossas línguas que nos envolvem como uma pele. Babélicos somos todos. E como viver em Babel? Será possível viver fora de Babel? Será possível apaziguar e amalgamar as múltiplas línguas numa língua única? Será possível trocar as línguas pela aquela que seria *A língua*? E qual o preço a ser pago? Talvez se pudesse matar todos os outros matando suas línguas, mas esses outros me dizem não matarás e fugidiamente se desviam do golpe. Apaziguar a algaravia babélica numa única língua é a primeira violência contra o Outro, contra o estrangeiro. Será possível viver em Babel? Será possível circular entre as múltiplas línguas dessa terra babélica e ainda assim olhar o Outro que é rosto e ouvir sua questão? Será possível faltar ao Outro como ausência e não faltar como ética nessa confusão? Será possível receber tantas línguas em minha casa?

---

[9] DERRIDA, 2003b, p. 115.

Sendo o Outro um estrangeiro, para receber sua questão e para falar-lhe, impõe-se a tarefa da tradução, "a tarefa necessária e impossível da tradução, sua necessidade *como* impossibilidade"[10]. Entendendo a língua no sentido amplo da cultura e da rede de significados individuais, podemos pensar que no limite cada um fala uma língua própria. A língua própria de cada um, ao mesmo tempo, é e não é a língua materna. É a língua materna pois nos coloca como herdeiros de uma tradição, mas não é a língua materna pois, nessa reapropriação da herança, a recrio. Para falar uma língua, devo me apropriar da herança inapropriável que o passado me lega para relançá-la com outra vida[11].

Somos todos estrangeiros convivendo em Babel. Para falar ao Outro é imperioso assumir a tarefa da tradução. Endividar-me novamente. A relação com o Outro é de permanente tensão e marcada por uma dívida que não posso deixar de me empenhar em saldar, mesmo sabendo que nunca pode ser resgatada. Será possível traduzir a língua do Outro? Será possível entender a questão do estrangeiro? Relacionar-me com o Outro é assumir-me como devedor, é construir uma relação precária, contingente e em transformação pelo processo contínuo de pagamento da dívida.

Na relação com o Outro, para não impor a violência de fazê-lo falar minha língua, devo reconhecer a confusão babélica. Confusão que é castigo mas que também é condição da própria língua. A condição babélica "rompe a transparência racional, mas interrompe também a violência colonial ou o imperialismo lingüístico" e "sujeita à lei de uma tradução necessária e impossível [...] A tradução torna-se a lei, o dever e a dívida, mas dívida que não se pode mais quitar"[12]. Babel é confusão e confusão em dois sentidos. Babel é a confusão das línguas mas também confunde aos que desejam erigir a torre, unificar a língua, pela intrínseca incompletude

---

[10] DERRIDA, 2002, p. 21.

[11] DERRIDA *apud* DERRIDA; ROUDINESCO, 2004.

[12] DERRIDA, 2002, p. 25.

do projeto. Aqueles que não compreendem a impossibilidade de uma língua única e transparente vivem a confusão, a frustração, de não entender porque o Outro não o entende. Pensar a tradução como possível é um ato de arrogância, é outorgar-se o direito de ser o arquiteto e construtor da Torre de Babel.

O tradutor está endividado, pois precisa devolver aquilo que lhe foi dado. Mas o processo de tradução permite apenas um minúsculo ponto de contato entre o texto original e o texto traduzido. E é esse minúsculo ponto, esse fugidio ponto, que não pode se perder. O tradutor "não reproduz, não restitui, não representa; no essencial ele não *devolve* o sentido do original, a não ser nesse ponto de contato ou de carícia, o infinitamente pequeno do sentido".[13] A tradução é a condição para que eu me relacione com Outro, que me endereça sua questão em sua própria língua. Na tradução percebo minhas afinidades e proximidades com o Outro, na tradução regozijo-me com meu hóspede e desfruto de sua companhia que vem me auxiliar a romper minha ipseidade.

> A tradução não buscaria dizer isso ou aquilo, a transportar tal ou tal conteúdo, a comunicar tal carga de sentido, mas a remarcar a afinidade entre línguas, a exibir sua própria possibilidade.[14]

Ciberespaço

A tecnologias que surgem na contemporaneidade estão alterando noções de tempo e espaço. Onde estão os limites entre o público e o privado, o que é minha casa, onde estou *chez-moi*? As tecnologias da informação e comunicação (essa separação é, ela própria, crescentemente problemática) estão sendo constituídas e estão produzindo novos tipos de sujeitos. Entre os diversos recursos emergentes na última década, a Internet parece-me particularmente importante para as mudanças a que me refiro. A Internet, mais

---

[13] DERRIDA, 2002, p. 48.
[14] DERRIDA, 2002, p. 44.

que um novo recurso, já está sendo compreendida como um novo espaço, o ciberespaço. A partir dessa noção do espaço, devemos pensar como se dá o encontro com o Outro, onde está minha casa e que leis de hospitalidade devo seguir. É um espaço onde as línguas se intercruzam incessantemente, com caráter acentuadamente babélico.

Falar da hospitalidade, de acolher ao Outro, no ciberespaço é procurar estabelecer fronteiras entre público e privado, reconhecer onde fica minha casa. Mas é, sobretudo, pensar o ato da acolhida. Também é repensar as leis da hospitalidade, já que as leis de direito ficam cada vez mais obsoletas nesse espaço desterritorializado. Talvez alguns pontos já possamos colocar de saída e possam ser aceitos de forma mais ou menos tranqüila. O *e-mail* pertence ao espaço privado. Talvez o *e-mail* seja a área mais íntima de minha morada cibernética. As leis da hospitalidade fazem com que eu abra essa casa para alguns que reconhecerei como hóspedes bem-vindos: são amigos, familiares, relações de trabalho, contatos comerciais autorizados. A esses recebo e acolho. Mas, cada vez mais, a hospitalidade está se tornando hostilidade, fazendo com que eu cada vez proteja mais esse recanto. São diversos estrangeiros que forçam minha porta e entram sem ser convidados. São bárbaros que invadem minha intimidade, entrando sub-repticiamente, arrombando trancas, esgueirando-se por frestas. Alguns apenas sentam-se na sala e transtornam a casa. Outros são saqueadores que podem até mesmo destruir essa pequena casa. Esses bárbaros têm um nome: são *spams*, estrangeiros em todas as terras, que inspiram hostilidade crescente em todos que encontram. Os *spams* são mensagens indesejadas, enviadas para milhares de usuários, sem autorização dos mesmos. São disparados em enormes lotes, como verdadeiras hordas bárbaras, tomando as casas. Numa versão menos maléfica, invadem a caixa postal, superlotando o local. São hóspedes indesejados que tomam meu tempo e prejudicam minha acolhida aos convidados. Nos casos mais graves, trazem vírus que podem destruir meu sistema, destruir a própria casa. As leis da hospitalidade acabam por se afastar e intensificar a negação d'*A* lei, pela necessidade do hospedeiro proteger a si, sua casa e seus hóspedes.[15]

> Começo por considerar estrangeiro indesejável, e virtualmente como inimigo, quem quer que pisoteie meu *chez-moi*, minha ipseidade, minha soberania de hospedeiro. O hóspede torna-se um sujeito hostil de quem me arrisco a ser refém.[16]

Movo-me no ciberespaço pela navegação. O navegante é estrangeiro. Visito *sites*, portos nesse oceano infindável que é a Internet. A visita a um *site* coloca-me como hóspede e hospedeira simultaneamente: sou recebida mas também recebo em minha casa. Alguns desejo receber, outros não. Em alguns, sou acolhida; em outros, sou barrada. As leis da hospitalidade em alguns lugares da rede são menos restritivas e recebem-me de forma quase incondicional. Nesses lugares, não se pergunta o nome de quem chega, não se procura conhecer e classificar esse Outro. Nesse lugares, não se fala do Outro, mas se fala para o Outro. O dono da casa abre sua porta a todos e oferece, de forma gratuita, o alimento do mundo *on-line*: informação e comunicação. Outros lugares têm normas muito estritas para receber o forasteiro. São os portais de revistas, jornais, escolas, universidades, bancos e outros tantos que só franqueiam seu umbral para aqueles que tenham um nome e que esse nome seja conhecido. O estrangeiro para aí ser recebido precisa dizer seu nome, o nome que o torna reconhecível no mundo digital: a senha. Em muitos desses casos, o direito de entrar nesses lugares foi adquirido fora do ciberespaço: o que franqueia a entrada é ser assinante da revista, aluno de um curso, cliente de um banco... Mas existem *sites* que abrem suas portas a quem pedir para entrar, com a condição que respondam suas perguntas: são portais em que antes

---

[15] Também meus contatos autorizados ficam expostos ao risco quando sofro invasões. Se meu computador aloja um vírus, há grande possibilidade de que esse vírus seja enviado para os endereços que guardo.

[16] DERRIDA, 2003, p. 49.

de sermos admitidos precisamos preencher cadastros, dizer nosso nome, nossa origem, nosso endereço. Ali pratica-se a hospitalidade, mas de forma interessada. A acolhida é uma troca pelas informações. As leis da hospitalidade no ciberespaço progressivamente estão exigindo alguma forma de recompensa pela acolhida. Cada vez, existem mais portas com senhas. Cada vez menos se pode circular livremente, cada vez existem menos portos recebendo a todos navegantes. Cada vez menos se recebe o Outro de forma incondicional.

Também existem *sites* que sob o aspecto de hospitalidade, guardam sua hostilidade. São lugares que simulam ser gentis hospedeiros, que não apenas recebem a todos como também ofertam presentes para o visitante colocar dentro do seu lar. São mimos dos mais diversos, pequenos aplicativos dados gratuitamente para realizar tarefas como controle de navegação da máquina, otimizadores de desempenho, jogos, agendas... Esses presentes são presentes gregos, pois quando instalados na máquina introduzem hóspedes indesejados como Cavalos de Tróia (também conhecidos como *trojans*, programas que permitem o acesso remoto da máquina), programas espiões (*spyware*, programas que permitem capturar informações do dono da máquina) ou programas de propaganda (*adware*, programas que a partir de hábitos de navegação enviam mensagens com propagandas).[17] Esses intrusos astuciosamente entram em meu espaço privado para violá-lo. Assim, cada vez nos tornamos mais cuidadosos em relação ao que instalar na nossa máquina e em relação a que *sites* receber. Cada vez o estrangeiro causa maior desconfiança e recebe menos hospitalidade.

O ciberespaço hoje é muito mais que um grande repositório de informações: existe toda uma rede de relações que aí se dão. Seu uso como uma ferramenta de comunicação é cada vez mais intenso. No ciberespaço, formam-se

---

[17] VILHENA JR., 2004.

redes flexíveis e contingentes que interligam sujeitos desterritorializados, que tramam corpos imateriais. Entre os recursos de comunicação estão as salas de bate-papo ou *chats* e IRCs, que permitem grupos conversarem entre si; os serviços de mensagens instantâneas (ICQ, MS Messager), os grupos de discussão ou fóruns, os *blogs* e a comunidade Orkut. Nesse sentido, estamos constantemente nos deparando com outros, que devemos oferecer hospitalidade e cuja língua diferente da minha me endivida com a tradução. A Internet torna possível a comunicação sem fronteiras geográficas. Num mesmo movimento, expõe os usuários a uma constante captura pelos controles dos bancos de dados e promove brechas para que subvertam vigilâncias, para que se esgueirem e rompam barreiras e censuras. A Internet definitivamente tornou todos os muros porosos. Para o bem e para o mal. Se por um lado a privacidade é ameaçada pelas invasões sutis e invisíveis, por outro é através da Internet que circulam informações que deveriam ser abafadas ou que alguns gostariam de manter fora de circulação. São pedidos de ajuda e denúncias de fatos que talvez não pudessem acontecer de outra forma.

> Então, hoje, graças ao telefone, ao fax, ao e-mail, à internet, etc., essa sociabilidade privada tende a estender suas antenas para além do território estado-nacional com a rapidez da luz. O Estado, cada vez menor, mais fraco do que essas potências privadas anestatais ao mesmo tempo infra e supra-estatais.[18]

Os *blogs*, espécie de diários cibernéticos, nos convidam a ouvir esse Outro narrar sua vida e contar histórias. O rosto do Outro no ciberespaço são as histórias que ele tem para contar. O rosto do Outro se rematerializa nas suas narrativas. São milhares de *blogs*, milhares de estrangeiros, que pedem minha atenção. Se muitos narram cotidianos pontuados por acontecimentos cuja relevância parece ser estritamente pessoal, outros são utilizados para fazer circular

---

[18] DERRIDA, 2003, p. 51.

informações de efetivo interesse público. São os *blogs* dos soldados da Guerra do Iraque, contando uma guerra que não está nos jornais; ou aquele de uma mulher islamita, que expõe a crueldade do seu cotidiano em algum lugar do Oriente Médio. E muitos outros exemplos poderíamos trazer mostrando que a rede é simultaneamente controle e subversão. A rede é também um canal para que o estrangeiro comunique sua questão.

Se nos *blogs* o estrangeiro coloca sua questão e espera nossa escuta, nos *chats*, IRCs e no ICQ o objetivo daqueles que ali estão é trocar mensagens, numa conversação escrita. Posso encontrar ali pessoas que já conheço mas também encontro muitos desconhecidos. A esses que encontro poderei oferecer minha atenção e meu tempo. Mas essa escolha será sempre condicional. A escolha de quem irei dar atenção está baseada em meus interesses pessoais. Muitos procuram esses lugares com a intenção de encontrar romance ou sexo e irão procurar pessoas que digam ter o perfil desejado, outros desejam trocar informações e discutir determinadas idéias e irão selecionar aqueles que possam proporcionar trocas interessantes. Muito raramente se recebe o Outro, não desejando conhecê-lo, apenas oferecendo atenção desinteressada. Também toma-se muito cuidado com as informações que serão fornecidas, de modo a proteger-se de eventuais aproveitadores.

> Não há hospitalidade, no sentido clássico, sem soberania de si para consigo, mas, como também não há hospitalidade sem finitude, a soberania só pode ser exercida filtrando-se, escolhendo-se, portanto excluindo e praticando-se a violência.[19]

Nesses espaços, encontramos estrangeiros que não compartilham minha língua. Mesmo se estou me comunicando com alguém que também tenha o português como língua materna, esse outro não fala minha língua: não existe uma língua portuguesa, mas diversas línguas portuguesas, espalhadas por

---

[19] DERRIDA, 2003, p. 49.

comunidades de diferentes localizações espaço-temporais. Cada um de nós é atravessado pela sensação de pertença a várias dessas comunidades, fazendo com que falemos uma língua singular, com pontos de contatos externos, com maior ou menor superposição com a de outros sujeitos, mas nunca igual, sempre única. Para poder falar ao outro e receber sua questão, entrego-me à tarefa da tradução. No espaço virtual, em especial, a língua sofre profundas transformações: as regras cultas são subvertidas, as palavras têm sua grafia abreviada e oralizada. Embora existam algumas formas já bastante generalizadas entre os usuários desse tipo de veículo de comunicação, essas grafias estão em permanente (re)criação, variando de um lugar para outro, com trocas permanentes entre os participantes. Entender essas formas como outras línguas e não como subprodutos indesejáveis da língua culta e procurar compreendê-las é receber o outro na sua singularidade. É compreender sua diferença absoluta, entender que nada é idêntico, acolher, enfim, a *différance* lá onde já nenhuma categoria é possível.

Navegar na Internet é estar sempre traduzindo, sempre em contato com infinitas diferentes línguas. É um movimento num espaço completamente babélico e permanentemente surpreendente. As línguas se misturam despudoradamente, sem qualquer demarcação que possa minimamente separá-las. As diferentes línguas não se referem apenas aos diferentes idiomas mas também às diversas culturas que se cruzam, aos absolutamente heterogêneos sujeitos que estão sempre lado a lado no ciberespaço. No ciberespaço não estamos em lugar algum e virtualmente estamos em todos lugares.

A sociabilidade no ciberespaço é um processo que está se expandindo não apenas pela integração de um número cada vez maior de usuários, como também pela ampliação do leque de possibilidades para o encontro. São encontros fugidios, relações líquidas, são inúmeros estrangeiros que encontramos, somos nós próprios estrangeiros nômades, em permanente peregrinação. O ciberespaço talvez seja um não-lugar, um lugar de passagem, onde estamos todos em terra estrangeira, em que por alguns momentos descansamos numa paragem e contatamos outros estrangeiros. A hospitalidade é o gesto da acolhida mútua. O *chez-moi* é o ato mesmo de dar atenção. Entretanto, como posso acolher a todos, como poderia sequer imaginar a possibilidade de acolher a essa multidão? As leis da hospitalidade para o ciberespaço são construídas não apenas para nos proteger dos hóspedes indesejáveis como também para estabelecer algum critério de seleção frente à impossibilidade de receber a todos.

O mais novo lugar do ciberespaço nesse ano de 2004 é a comunidade Orkut. Essa comunidade constitui-se por meio de um novo tipo de ferramenta de sociabilidade na Internet, formando uma espécie de clube. Só terão acesso a ela aqueles que forem convidados por um de seus membros. Assim, a comunidade do Orkut só acolhe estrangeiros que digam seu nome e cujo nome seja conhecido. Ainda que pareça excludente, a impressionante velocidade com que vem crescendo mostra como é difícil manter-se qualquer pretensão de espaço privado na *Web*. Os amigos, os amigos dos amigos, os amigos dos amigos dos amigos, e assim por diante, formam uma rede que cresce a taxas inacreditáveis. O Orkut é uma criação da empresa Google, o mais popular buscador da Internet. Foi posto em funcionamento dia 27 de fevereiro de 2004. Em abril, os brasileiros ocupavam o segundo lugar em número de usuários, representando 7,5%. Hoje, 29 de julho de 2004, 49,3% dos orkutianos se dizem brasileiros, seguido dos cidadãos dos EUA, com 19,3%. Segundo o próprio Orkut, o número de usuários nesse dia era de 1.024.833 e existiam 173.283 comunidades temáticas (espécies de grupos de discussão). Os membros do Orkut possuem uma área pessoal, para onde podem convidar outros participantes. Nessa área formam seu grupos de amigos. Convidam alguns para estar em sua companhia, recebem convites de outros. Convites que sempre podem ser rejeitados. Muitos desses amigos são pessoas que conhecemos pelas relações face-a-face. Outros, tornam-se nossos amigos por intermédio dos contatos pelo ciberespaço. Existe um recurso que permite a classificação dos amigos em função da proximidade que cada um experimenta, classificação que não é pública. No nosso espaço pessoal, colocamos informações sobre nós e nossa foto, se assim desejarmos. Podemos controlar as informações visíveis para amigos e para estranhos. Também podemos fazer álbuns de fotografias. Os participantes do Orkut podem visitar as áreas de outros membros e ver as informações disponíveis. Também podem participar de suas comunidades temáticas, discutindo assuntos tão diversos como Derrida ou bares de Porto Alegre. No Orkut, abre-se a possibilidade para a acolhida e para escuta. Participar de discussões nas comunidades do Orkut ou em fóruns em geral é encontrar outros que compartilhem minha cultura. Esses outros serão menos estrangeiros, mesmo tendo outra língua materna, que conterrâneos que não compartilhem meus significados. Enfim, a finalidade do Orkut é promover o encontro com o outro. Participar do Orkut é pedir e oferecer hospitalidade, é estar em Babel e se colocar numa interminável tarefa de tradução. Mas é um encontro sob medida para os tempos atuais, um encontro que não compromete, que é leve e não pesa. Como declarou uma participante: "O bom do Orkut é que mando mensagens para pessoas com quem quero fazer contato que ficarão livres para responder ou não". O encontro no ciberespaço não necessita comprometimento, não bloqueia nosso individualismo e não elimina as possibilidades futuras. Engajar-se em relações duradouras é um perigo para aqueles que moram num mundo onde a mobilidade é a moeda mais valorizada. Já não temos tempo e disposição para relações "para sempre", que pesam e dificultam o movimento. As fluidas relações do ciberespaço permitem que eu abra a porta para o outro sem o temor que esse outro não mais se vá. Se o outro teima em ficar, levamos nós nossa leve casa para longe.[20]

Enfim, no ciberespaço as questões do estrangeiro e a dívida da tradução se recolocam de forma renovada. As leis da hospitalidade são reescritas e as línguas de Babel se multiplicam.

---

[20] BAUMAN, 2004.

Referências bibliográficas

BAUMAN, Zygmunt. *Amor líquido.* Rio de Janeiro: Jorge Zahar, 2004.

DERRIDA, Jacques. Violência e Metafísica. In: DERRIDA, Jacques. *La escritura y la diferencia.* Barcelona: Anthropos, 1997.

DERRIDA, Jacques. *Torres de Babel.* Belo Horizonte: UFMG, 2002.

DERRIDA, Jacques. Questão do Estrangeiro: vinda do estrangeiro. In: DERRIDA, Jacques; DUFOURMANTELLE, Anne. *Da hospitalidade.* São Paulo: Escuta, 2003a. p. 5-65 (páginas ímpares)

DERRIDA, Jacques. Nada de Hospitalidade, Passo da Hospitalidade. In: DERRIDA, Jacques; DUFOURMANTELLE, Anne. *Da hospitalidade.* São Paulo: Escuta, 2003b. p. 67-135 (páginas ímpares)

DERRIDA, Jacques; ROUDINESCO, Elisabeth. Políticas da Diferença. In: DERRIDA, Jacques; ROUDINESCO, Elisabeth. *De que amanhã...* Rio de Janeiro: Jorge Zahar, 2004. p. 32-47.

DUFOURMANTELLE, Anne. Convite. In: DERRIDA, Jacques; DUFOURMANTELLE, Anne. *Da Hospitalidade.* São Paulo: Escuta, 2003. p. 4-134 (páginas pares).

VILHENA JR, Ary. *Controlando a Fúria das Pestes Eletrônicas Modernas.* Disponível em: <http://www.remoto.com.br/noticias.html>. Acesso em julho de 2004.

| CAPÍTULO III

No rastro[1] da Filosofia da diferença

Ester Maria Dreher Heuser[2]

Considerando que, de qualquer lugar que se comece, o começo é sempre "sobreterminado por estruturas históricas, políticas, filosóficas, fantasiosas, que não podemos por princípio jamais explicitar totalmente, nem controlar",[3] começarei este texto – que não objetiva mais que encontrar respostas para a pergunta "o que é a Filosofia da diferença?" – apresentando as razões – sempre fragmentadas – da escolha do tema. Compreender o que é a Filosofia da diferença pode parecer algo simples, talvez, demasiado simples, porém não para a sua autora, que tem a formação girando em torno das filosofias Clássica e Moderna e que, ao poder escolher as disciplinas[4] que cursará na pós-graduação,

---

[1] O termo rastro (*trace*) é usado por Derrida para pensar a estrutura de significação em função do jogo das diferenças que supõe sínteses e remessas que impedem que um elemento esteja presente em si mesmo e remeta apenas a si mesmo. Tanto na ordem do discurso falado, quanto do discurso escrito qualquer elemento que funcione como signo remete a um outro elemento, o qual, ele mesmo, não está simplesmente presente. Ou seja, cada termo traz em si o rastro de todos os outros termos que não ele próprio. "Não existe, em toda parte, a não ser diferenças e rastros de rastros" (DERRIDA, 2001, p. 32). A escolha do termo "rastro" que compõe o título do texto possibilita um duplo sentido: no sentido derridiano, compreender os rastros que tecem a rede da Filosofia da diferença e, no sentido de vestígio, marcas (*trait*), para perseguir, talvez como um cão farejador, os rastros, as pegadas que tal filosofia deixa em nosso tempo...

[2] Doutoranda em Educação, Universidade Federal do Rio Grande do Sul.

[3] DERRIDA *apud* BENNINGTON, 1996, p. 23.

[4] Trata-se das disciplinas "Derrida e a educação" e "Deleuzeducar por Nietzsche", no Programa de Pós-graduação em Educação da UFRGS, primeiro semestre de 2004.

opta por caminhos nunca antes traçados por ela, aqueles que versam sobre pensamentos que, se não se opõem por completo, se diferenciam significativamente dos anteriores a eles, tanto, que criam o novo, aquilo que antes era impensável (reprimido, recalcado da filosofia?[5]) e nos impedem de seguir sendo como/o que se era. Por entender que, ao encontrar um filósofo ou uma filosofia, não podemos nos poupar da tarefa de compreendê-lo, se realmente queremos transitar o caminho da filosofia, as notas que seguem têm o singelo sentido de primeiros passos em direção a um encontro porvir.

O problema da pergunta

Ao procurar respostas para a pergunta "O que é a Filosofia da diferença?", surge o primeiro empecilho: não há "a" Filosofia da diferença. Desde já, a primeira marca, disso que ainda não sei o que é: a pluralidade, a multiplicidade. É preciso refazer a pergunta: o que são as filosofias da diferença? Mais adiante, outro empecilho, ainda acerca da pergunta: nas filosofias da diferença não se trata de perguntar pelo "o que é?", uma vez que tal pergunta nos conduz a pensar em uma essência, em uma idéia depurada, e acaba por ficar no terreno da tradição filosófica inaugurada por Sócrates, que busca a essencialidade pela via da identidade[6], o que parece ir em sentido contrário ao "objeto" que move este texto: a diferença. Na esteira de Nietzsche – primeira

---

[5] Alusão ao parágrafo do texto introdutório e "anunciativo" dos temas do livro *Margens da filosofia*: *Timpanizar – a filosofia*, de Jacques Derrida: "Dir-se-á então que o que aqui resiste é o impensado, o reprimido, o recalcado da filosofia? Para não nos deixarmos mais prender, como hoje em dia se faz muitas vezes, na equivalência confusa destas três noções, é necessário que uma elaboração conceitual aí introduza um novo jogo da oposição, da articulação, da diferença. Introdução, portanto, à diferença" (In: DERRIDA, 1991, p. 29).

[6] Um exemplo ilustrativo dessa busca pela identidade é a referência que Derrida faz à postura de Sócrates diante da resposta à pergunta o que é a ciência: existe esta ciência e depois aquela e aquela outra: "Sócrates insiste em ter uma resposta pobre que, interrompendo abruptamente a enumeração empírica, lhe diga em que, nessa enumeração, consiste a cientificidade da ciência, e porque se chama de *ciências* essas diferentes ciências" (DERRIDA, 2001, p. 65).

referência de tal filosofia, horizonte comum entre os filósofos da diferença –, para combater a concepção essencialista, elogiar a aparência, trazer para dentro da filosofia aquilo que tradicionalmente tem sido expulso, visto como imundo – nãomundo – na filosofia: a dimensão da imanência, as multiplicidades, imanentização. Trata-se assim de se ocupar deste mundo, doente, de romper com o transcendental da pergunta "o que é?" e perguntar "como?", "quem?", "quanto?", "qual é?". Porém, como o burro de Zaratustra, ainda carrego a tradição, por isso pergunto: o que são as filosofias da diferença? Parece-me que, para encontrar possíveis respostas, talvez, deva começar por tematizar/problematizar justamente esta tradição, da qual somos todos herdeiros, portanto responsáveis por sua conservação e transformação.

O grande projeto da filosofia: a Razão Universal

É possível afirmar que o Iluminismo é o apogeu do projeto da tradição filosófica – da metafísica – quando a aposta na razão chega ao seu ponto mais alto. Vislumbra o sucesso da raça humana em direção a uma moral universal e à auto-realização intelectual e ao progresso baseado em uma razão científica, universal, educadora que, baseada em métodos universais, igualmente aplicáveis a todas as nações e culturas e de uma educação de massa, equipara os indivíduos com as habilidades, as atitudes e os atributos necessários para se tornarem cidadãos úteis e bons trabalhadores. No texto *A mitologia branca: a metáfora no texto filosófico*, Derrida aborda a metáfora do *regresso a si* do sol como marca de muitos discursos filosóficos, assim como do homem da metafísica:

> O sol sensível, que se levanta no Oriente, deixa-se interiorizar, no fim do seu curso, nos olhos e no coração do Ocidental. Este resume, assume, cumpre a essência do homem 'iluminado pela luz verdadeira'.

O autor remete esta tese a Hegel, dedicando uma extensa citação, a qual consideramos relevante retomar o seu final, pois ilustra a idéia que estamos desenvolvendo:

A história universal vai de Leste para Oeste, porque a Europa é verdadeiramente o fim e a Ásia, o começo desta história. Para a história universal existe um Leste por excelência, [...], ainda que o Leste, por si, seja qualquer coisa absolutamente relativa: com efeito, embora a terra forme uma esfera, a história, todavia, não descreve um círculo em torno dela; existe isso sim um leste determinado que é a Ásia. Aqui se ergue o sol exterior, físico, e a oeste põe-se, mas a oeste se ergue o sol interior da consciência de si que derrama um brilho superior. A história é a educação pela qual se passa do desencadear da vontade natural ao Universal e à liberdade subjetiva.[7]

Às filosofias da diferença não se trata de superar ou de ultrapassar a tradição metafísica, uma vez que é impossível nos desvincilharmos dela, de uma vez por todas. Trata-se de interrogá-la; de pôr em questão os seus sentidos e sem sentidos, seus paradoxos intrínsecos, as suas opressões; de compreender a metafísica como um grande texto que está aberto a novas interpretações; trata-se, pois, de estudá-la com uma rigorosa leitura sem *a priori*, sem hierarquias nem conceitos fortes ou privilegiados; de estarmos atentos à etimologia e aos múltiplos sentidos das palavras mas também aos efeitos que escapam das intenções do autor-sujeito, aos sintomas e às contradições.[8] Deste estudo, surgiram outras leituras rigorosas, novas interpretações, novas interrogações, movimento infinito, sempre do lado de dentro, pelas margens da filosofia, do lado de dentro...

Metarrelatos X Pequenos relatos e o compromisso com as diferenças

Talvez a característica comum dos sistemas que tentaram realizar o projeto da razão universal seja a forma representada pelo que vem sendo chamado de metarrelatos[9]

---

[7] DERRIDA, 1991, p. 310.

[8] PECORARO, p. 53.

[9] Ao tratar da condição pós-moderna, Lyotard define tais relatos ou grandes narrativas como sendo histórias unificadas, contadas pelas culturas para

– a dialética do espírito, a emancipação do sujeito racional ou trabalhador, o enriquecimento de toda a humanidade por meio do desenvolvimento da tecnociência capitalista, por exemplo –, onicompreensivos e universais, de cunho metafísico por sua generalidade totalizadora, que não respeitam as diferenças e pretendem abranger todo o gênero humano, espécie de teleologia em forma de projeto universal que visa a emancipação de toda a humanidade. Diante do inegável fracasso desses sistemas, da ruína do projeto universal que traria a felicidade à humanidade, diante das guerras, das bombas atômicas, dos problemas ecológicos, da fome, da pobreza, do desemprego, da marginalização, da morte, do "mal-estar" na cultura, as categorias das grandes narrativas – esquemas metafísicos produzidos retoricamente –, antes inquestionadas, entram em processo de erosão, como as de ciência, verdade, democracia, liberdade, cidadania, sujeito, objeto, substância – campo a ser desconstruído...

Ao retirar a credibilidade das grandes narrativas e transformá-la em problema, em interrogação, os ideais mais caros deste projeto, as filosofias da diferença abandonam a perspectiva universalista, a ordem fixa das coisas, as certezas que buscam a unidade e calam as diferenças, criando como alternativa aos grandes sistemas de sentido elaborados no curso de toda história da filosofia as *micrologias*, ou os pequenos relatos, entendidas como a lingua-

---

legitimar ou fundar uma série de práticas, uma auto-imagem cultural, um discurso ou uma instituição. Lyotard critica as metanarrativas que, por presumirem totalidade e universalidade tem um status absolutista tornando-se noções a-históricas, quase como se sua formação ocorresse fora da história e da prática social. Lyotard questiona a base dogmática dessas metanarrativas iluministas, aquilo que ele chama de sua natureza "terrorista" ou violenta, a qual, ao afirmar certas "verdades", a partir da perspectiva de um determinado discurso, o faz apenas por meio do silenciamento ou da exclusão de proposições de um outro discurso. As metanarrativas desafiadas por Lyotard são hegelianas; a emancipação da humanidade e a unidade especulativa do conhecimento. É um ataque ao conceito de totalidade e à noção de autonomia subjacente à noção de sujeito soberano, de acordo com PETERS, 2000.

gem própria de uma comunidade de vida, sempre contextual, heterogênea e mutável; trata-se agora de milhares de histórias que tecem a trama da vida cotidiana, o que implica levar a efeito a intersubjetividade, a necessidade do outro na construção de significados compartilhados. Discurso disperso, fragmentado em pequenos relatos, nos quais se fazem ouvir as vozes da diferença; nessa medida, trata-se de uma espécie de compromisso filosófico – também político com as minorias – tanto de ordem sexual como de ordem étnica ou cultural – e ideológico com a *alteridade*, com os excluídos do discurso moderno, aqueles a quem as tentativas de universalização de um modelo de homem branco, ocidental, adulto, heterossexual, normal e civilizado tinham mantido à sombra do Iluminismo:[10] mulheres, negros, gays, lésbicas, doentes mentais, 'selvagens' e crianças.

A virada lingüística

Tradicionalmente, a linguagem é concebida como algo natural e essencial, um veículo neutro e transparente de representação da "realidade", o que supõe a existência de um elo natural entre as esferas da "palavra" e da "coisa". Atos, sujeitos e experiências são apenas refletidos pelas palavras, a linguagem é uma espécie de espelho que revela o interior dos sujeitos, reproduzindo seus pensamentos e sentimentos; e que retrata suas condutas e relações, que se servem da linguagem apenas para se objetivar e transmitir: "os sons emitidos pela voz são os símbolos dos estados da alma, e as palavras escritas, os símbolos das palavras emitidas pela voz".[11] O que se chama de "realidade" é compreendido como exterior à linguagem, pertencente a uma ordem fixa, que a língua somente expressa: "língua e escritura são

---

[10] "A metafísica – mitologia branca que reúne e reflete a cultura do Ocidente: o homem branco toma a sua própria mitologia, indo-européia, o seu *logos*, isto é, o *mythos* do seu idioma, pela forma universal do que deve ainda querer designar por Razão" (DERRIDA, 1991, p. 253).

[11] DERRIDA, 1999, p. 37.

dois sistemas distintos de signos; a única razão de ser do segundo é representar o primeiro"[12].

Se nada da tradição passou imune à crítica, com a linguagem não poderia ser diferente, a chamada "virada lingüística", na teorização acerca do desenvolvimento das sociedades do século XX, começa por desalojar do centro do mundo o sujeito do humanismo e sua consciência – até então fonte de todo significado e ação –, "em seu lugar coloca o papel das categorizações e divisões estabelecidas pela linguagem e pelo discurso, entendido como o conjunto dos dispositivos lingüísticos pelos quais a realidade é definida".[13] A importância da linguagem torna-se relevante também e, talvez, principalmente, pelas grandes mudanças ocorridas na interação social, com as quais apareceram novas linguagens e jogos de linguagem,[14] com base numa heterogeneidade de regras. Isto tem sua explicação, de certo modo, na crise dos metadiscursos que pretendiam interpretar toda realidade, legitimando um jogo de linguagem – o deles próprio – e desconhecendo a infinidade de jogos lingüísticos, isto é, outras formas narrativas de interpretar a realidade, ou de estabelecê-la mediante o discurso.[15] Após

---

[12] *Ibidem*.

[13] SILVA, 1994.

[14] Expressão criada por Wittgenstein, em sua segunda fase, na obra *Investigações filosóficas*, na qual a linguagem passa a ser vista como uma atividade humana, assim como são andar, passear, colher, ou seja, linguagem passa a ser considerada uma espécie de ação "de modo que não se pode separar pura e simplesmente a consideração da linguagem da consideração do agir humano, ou a consideração do agir não pode mais ignorar a linguagem [...] A função da linguagem é sempre relativa à forma de vida determinada, à qual está integrada; ela é uma maneira segundo a qual os homens interagem, ela é a expressão de práxis comunicativa interpessoal. Tantas são as formas de vida existentes, tantos são os contextos praxeológicos, tantos são os modos de uso da linguagem, ou, como Wittgenstein se expressa, tantos são os "jogos de linguagem" [...] O conceito de jogo da linguagem pretende acentuar que, nos diferentes contextos, seguem-se diferentes regras, podendo-se, a partir daí, determinar o sentido das expressões lingüísticas [...], a significação de uma palavra resulta das regras de uso seguidas nos diferentes contextos de vida (OLIVEIRA, 1996, p. 141).

[15] Ver LYOTARD, 2004.

a virada lingüística, se torna impossível tratar de palavras certas ou erradas em si, uma vez que com ela vem à tona a "pluralidade dos modos da linguagem humana e, ao mesmo tempo, os critérios para o emprego correto das palavras, porque é correto o uso da palavra que é aceito como tal na comunidade lingüística que a emprega, pois é, precisamente, este acordo entre os membros de uma comunidade que torna a comunicação possível".[16] Em suma, a linguagem se torna um movimento em constante fluxo, seus jogos não são redutíveis uns aos outros, nem também a uma metalinguagem unificadora, o que pressupõe um profundo respeito a essa pluralidade de linguagens, irredutíveis a um jogo superior ou unificante.

> Foi então o momento em que a linguagem invadiu o campo problemático universal; foi então o momento em que, na ausência do centro ou de origem, tudo se torna discurso – com a condição de nos entendermos sobre esta palavra – isto é, sistema no qual o significado central, originário ou transcendental, nunca está absolutamente presente fora de um sistema de diferenças. A ausência de significado transcendental amplia indefinidamente o campo e o jogo da significação.[17]

Para as filosofias da diferença, não existe, pois, qualquer discurso que possa ser considerado neutro ou que possa representar uma síntese, o centro, uma suposta unidade ou universalidade.

Nem aquém, nem além, nem antes, nem depois, nem tirar, nem pôr: reavaliar, desestabilizar, subverter

É tentador afirmar que as filosofias da diferença são filosofias para além: para além dos fundamentos, dos universais, das essências, dos *a priori*. Para além dos transcendentais, da ontologia, da representação. Para além da verdade, da finali-

---

[16] OLIVEIRA, 1996, p. 241.
[17] DERRIDA, 2002, p. 232.

dade, da identidade. Para além da emancipação, do sujeito consciente e soberano, do conhecimento natural e objetivo. Enfim, para além da metafísica. Não, já não é mais possível ir além dela, ultrapassá-la – vale repetir – não é possível sair do horizonte metafísico, nosso ponto de apoio.

> Não há uma transgressão se por isso entendemos a instalação pura e simples em um além da metafísica, em um ponto que seria também, não esqueçamos, e sobretudo, um ponto de linguagem ou de escrita. Ora, mesmo nas agressões e transgressões, nós nos utilizamos de um código ao qual a metafísica está irredutivelmente ligada, de tal sorte que todo gesto transgressivo volta a nos encerrar no interior da metafísica – precisamente por ela nos servir de ponto de apoio [...] Nós não nos instalamos jamais em uma transgressão, nós não habitamos jamais outro lugar.[18]

Talvez não se trate de colocar algo no lugar da Modernidade e do Iluminismo, mas de enfatizar precisamente o caráter subversivo de uma tal perspectiva da diferença, uma vez que questiona e interroga os discursos modernos, "desestabilizando-os em sua inclinação a fixá-los numa posição única que, afinal, se mostrará ilusória".[19] O "nada no lugar" pode ser exatamente um limite ao fundamento, à *arché* e à universalidade – ilusão metafísica – e a garantia da existência múltipla da univocidade do ser. Um ser que não é único nem análogo, mas é ser da natureza, da diferença, do devir; um ser que pensa e se diz de várias maneiras, mas não se deixa apreender por completo.

Nietzsche e o aniquilamento das noções de fato e fundamento

O rompimento com a tradição do pensamento ocidental e com a superação das dualidades que atravessam e fundam a filosofia da tradição, transpondo o valor para o plano imaginário, são levados a termo pelo filósofo da contracultura, Friedrich Nietzsche, que, com sua "filosofia a marteladas",

---

[18] DERRIDA, 2001, p. 18-19.
[19] SILVA, 1994, p. 249.

destrói a lógica das essências, dos ideais, dos fundamentos e das verdades absolutas. Contrapõe-se à metafísica, à idéia de que existem fenômenos em si, e introduz a interpretação nos domínios do mundo, a partir de uma interpretação, visando aniquilar as noções de fato e de fundamento. Ao rejeitar o fundamento, ele recusa-se a conceder à construção filosófica uma resposta última e definitiva seja à questão do conhecimento ou às que se referem à moral, à política e à estética. Por meio de sua filosofia, se empenha em mostrar que, por detrás daquilo que aparece enquanto interpretação, não há um fundamento oculto ao qual se possam remeter as perspectivas, mas que são as próprias perspectivas que manifestam aquilo que vem a ser como aquilo que é. Com esta perspectiva, Nietzsche rejeita a unicidade do conceito e do fato originário, assim como recusa a vigência de uma unidade subjetiva como regente, por meio de um sujeito fundante do ser, do conhecer e do agir.

Afirmação da vida

Ao substituir os fundamentos por interpretações – fixações de sentido, sempre parciais e fragmentários – e por avaliações – que determinam o valor hierárquico dos sentidos –, Nietzsche apresenta as condições necessárias para uma assimilação da vida sem subterfúgios, isto é, sem a construção de ídolos e ideais, entendendo a manifestação da vida como vontade de potência que institui e destitui interpretações. Nietzsche, ao criar uma filosofia que diz não às interpretações precedentes que queriam a Verdade e faziam desse mundo um erro, uma aparência, que negavam a inocência da vida, acusavam-na e a julgavam, expressa uma suprema afirmação das belezas e dos horrores da vida e da condição humana que é, por sua vez, interpretar a existência como justa e inocente, rejeitando, assim, todas as formas de pessimismo, uma vez que são sintomas de declínio da vida. Trata-se então de afirmar o acaso de uma só vez, afirmar toda a existência, o amor ao destino, ao necessário,

---

[20] DELEUZE, 1976, p. 23.

o que Nietzsche chama de "amor fati".[20] Com esta perspectiva diante da vida, Nietzsche apresenta-se como sendo o primeiro filósofo trágico, o oposto de um filósofo pessimista, e diz "Sim à vida mesma ainda em seus problemas mais estranhos e mais duros".[21] Ser trágico implica em afirmar que a existência é justa, que o existir é uma necessidade positiva. A esta dimensão, Nietzsche assimila a criação e a destruição como parte da vida, da existência. Nela não há nada de responsável e nem mesmo de culpada, é próprio do vir-a-ser o criar e destruir. Ao postular que "o negar e o *destruir* são condição para o afirmar",[22] Nietzsche dissipa a moral, o ideal de homem moderno e a teleologia do mundo, e "constrói sobre escombros" quando anuncia o advento do além-do-homem – o homem do devir, que não é fixo, que muda, que tem uma nova maneira de sentir, de pensar e de ser, a vida como vontade de potência – que institui e destitui interpretações –, a doutrina do eterno retorno – pensamento do absolutamente diferente, do puro devir, do retorno daquilo que pode ser afirmado, da alegria do múltiplo, alegria plural.[23]

Eterno retorno, vontade de potência e diferença

Talvez, a doutrina do eterno retorno e a vontade de potência sejam peças-chave para a resposta à pergunta que estas notas vêm perseguindo, uma vez que a formulação de ambas está dirigida contra a idéia da unidade essencial, de uma teleologia das coisas. Nietzsche argumenta que se o mundo tivesse um objetivo, ele já deveria ter sido alcançado;[24] que se um estado de equilíbrio nunca é alcançado é porque isso não é possível. A ordem ideal das essências metafísicas existe por meio da eterna repetição. Mas a doutrina nietzschiana do Eterno Retorno afirma a sorte do teatro dionisíaco das aparências sensíveis, de um mundo sem

---

[21] NIETZSCHE. EH, O nascimento da tragédia, III.

[22] NIETZSCHE. EH, Por que sou um destino, IV.

[23] DELEUZE, 1994, p. 30.

[24] DELEUZE, 1976, p. 38-39.

ser, sem unidade, sem identidade. A reiteração metafísica do ideal está fundada em Deus e no Eu; a repetição no mundo dionisíaco está fundada na morte de Deus e na dissolução do Eu. A repetição no mundo dionisíaco não deve ser entendida como o retorno de *algo* que é, que é uno, ou que é o mesmo. O que retorna não é o ser, mas o devir; não a identidade, a idealidade, mas a diferença[25], o pensamento sintético do absolutamente diferente. "O eterno retorno é a síntese da qual a vontade de potência é o princípio", diante disso cabe perguntar o que quer essa vontade de potência? A resposta que Deleuze nos dá é que "ela quer afirmar a sua diferença; ela quer fazer de sua diferença um 'objeto de afirmação' em seu vínculo essencial com outra vontade'. Assim, no âmago do princípio denominado vontade de potência, aparece a 'diferença' como 'objeto de uma afirmação prática inseparável da essência e constitutiva da existência'"[26]. O intérprete de Nietzsche "lê o eterno retorno como 'ser da diferença enquanto tal', ser que é o tríplice modo do retornar: 'retornar é o ser do devir, o uno do múltiplo, a necessidade do acaso'".[27]

Os herdeiros de Nietzsche

Nietzsche é central para que a genealogia daquilo que há em comum entre as filosofias da diferença seja compreendida: crítica da verdade e sua ênfase na pluralidade da interpretação; centralidade que ele concede à questão de estilo, visto como crucial, tanto filosófica quanto esteticamente, para que cada um se supere a si próprio, em um processo de perpétuo autodevir; com a importância dada ao conceito de *vontade de potência* e suas manifestações como vontade de

---

[25] LINGIS, 2004.
[26] ORLANDI, 2002, p. 15-53.
[27] *Ibidem*. Em algumas linhas anteriores, Orlandi desenvolve seu pensamento no sentido de compreender como se dá a complexidade da diferença no desenvolvimento da interpretação deleuziana: "o 'múltiplo é a diferença de um e de outro', porque 'o devir é a diferença consigo mesma', e porque 'o acaso é a diferença distributiva, entre todos'".

pensamento são, dentre outros, Deleuze, Derrida, Lyotard, todos eles enfatizam que o significado é uma construção ativa e radical da pragmática do contexto, questionando, portanto a suposta universalidade das chamadas "asserções de verdade". Questionam o sujeito autônomo, livre e transparentemente autoconsciente, que é tradicionalmente visto como a fonte de todo o conhecimento da ação moral e política. Respeitando a especificidade dos autores, pode-se dizer que, cada um deles, a seu modo, descreve o sujeito como uma complexa intersecção de forças discursivas e libidinais e de práticas socioculturais, além disso, eles resistem à tendência a ceder às pretensões de universalidade e unidade, preferindo, em vez disso, enfatizar a diferença e a fragmentação – um sujeito 'descentrado' e dependente do sistema lingüístico. O sujeito é visto em termos concretos, como *corporificado* e *generificado*, um ser *temporal* que chega – fisiologicamente falando – à vida e enfrenta a morte e a extinção como corpo, mas que é, entretanto, infinitamente maleável e flexível, estando submetido às práticas e às estratégias de normalização e individualização que caracterizam as instituições modernas.[28]

Abaixo as velhas dicotomias

Assim como Nietzsche buscou

> Na biologia, subsídios para elaborar seu conceito de vontade de potência [vontade de potência, ao ser identificada por Nietzsche, com a vida orgânica, é própria de todo o ser vivo: exerce-se em todos os órgãos, tecidos e células, nos numerosos seres microscópicos que constituem o organismo]; na física encontrou elementos para construir sua teoria das forças [as forças operam não só no domínio orgânico, mas em relação a tudo o que existe]. Tributária da ciência da época, a noção de força permite-lhe postular a homogeneidade de todos os acontecimentos; entre orgânico e inorgânico não existe traço distintivo fundamental – e tampouco entre físico e psíquico ou, se se quiser, "material" e "espiritual". Em face dessa concepção de mundo, devem vir abaixo as velhas dicotomias da metafísica.[29]

---

[28] PETERS, 2000, p. 32-33.
[29] MARTON, 1993, p. 533.

As filosofias da diferença questionam os pressupostos que dão origem ao pensamento binário que teria conduzido e tiranizado o pensamento ocidental até o nosso século, com o qual estamos acostumados a raciocinar, guiados pela lógica identitária que acaba por subordinar o movimento da diferença; trata-se dos pares de termos como: essência/acidente, interior/exterior, sujeito/objeto, masculino/feminino, teoria/prática, natureza/cultura, realidade/aparência, causa/efeito, língua/fala, fala/escrita, significante/significado, homem/mulher, etc. Termos que têm sempre um dos elementos da dicotomia privilegiado de tal forma que, longe de se constituir em uma oposição horizontal, paritária, cada uma destas dicotomias revela uma hierarquia, que fixa o primeiro termo como cópia mais próxima da Idéia – e aqui a divisão platônica dos mundos sensível e inteligível é emblemática para compreender a origem e o caráter moral destas dicotomias –, portanto do Bem e, o segundo termo, mais distante destes é inferior, maldito, impuro, indigno – seguindo a lógica platônica, pode-se dizer, talvez, que esteja mais próximo do simulacro, sempre submerso na dessemelhança, oposto ao modelo do Mesmo, que deve ser mantido nas profundezas do oceano, no fundo da caverna, porque é Mal. Ao interrogar o sentido e o valor das dicotomias e mostrar como os próprios alicerces do nosso pensamento são frutos de determinadas escolhas, em grande parte de cunho ideológico, as filosofias da diferença[30] põem abaixo a tranqüilidade com que se procura separar o reino dos fatos do reino dos valores.

Nietzsche é base para este entendimento: fatos e valores sempre foram, desde o início da própria história da filosofia, mutuamente imbricados. No entanto, por meio de um mecanismo de apagamento da memória, de esquecimento,

---

[30] É importante ter presente que o tratamento dos elementos das dicotomias tem especificidades no interior das obras dos autores das filosofias da diferença, alguns deles optam por afirmar o termo que ocupa a posição de subordinação, o que não é o caso de Derrida, mas sobre isso nos ateremos adiante.

a violência inaugural implícita na hierarquia é convenientemente posta em suspensão para que o par de termos possa parecer paritário[31]. Até Nietzsche, para Derrida, a filosofia de uma forma ou outra tem tentado congelar o jogo da *différance*[32] por meio de idéias claras e distintas, formas platônicas ideais, um referente último ou um significado transcendental (o Ser), o conhecimento absoluto, a forma lógica das proposições e assim por diante – tudo concebido para impedir a disseminação do significado. Mas esse fechamento, argumenta Derrida, é impossível porque a filosofia não pode sair para fora da linguagem. A afirmação de que ela tenha o feito sustenta-se na exclusão ou na assimilação de tudo aquilo que escapa às grades de inteligibilidade que ela impõe ao movimento da *différance*. Aos olhos de Derrida, a filosofia, concebida como uma espécie de escrita, está essencialmente baseada em ilusões logocêntricas e homocêntricas que negam o jogo da *différance*. A Filosofia é deslocada de sua torre de marfim e colocada no plano da vida, implodindo de vez a linha divisória entre teoria e prática, essência e aparência...

Afirmação da diferença e pluralidade de forças

As filosofias da diferença, como a pluralidade do próprio nome indica, não podem ser reduzidas a um conjunto de pressupostos compartilhados a um método, a uma teoria ou a uma escola, mas podem ser caracterizadas como um modo de pensamento e um estilo de filosofar. Refere-se a um *movimento de pensamento* – uma complexa rede – que corporifica diferentes formas de prática crítica. Em *Nietzsche e a filosofia*, Deleuze afirma o poder puramente positivo da afirmação inerente na "diferença", elegendo-a como a base de um pensamento radical não-hegeliano, em contraste com o poder do negativo e de uma disposição puramente reativa, próprios de uma dialética na qual o positivo se afirma

---

[31] RAJAGOPALAN, 2000, p. 121-122.

[32] Expressão criada por Derrida que trataremos adiante.

somente pelo estabelecimento de uma dupla negação. Na conferência *A Diferença*, Derrida, a partir de uma relação entre o pensamento da *différance* e o pensamento de Nietzsche – a respeito da necessidade da diferença entre as forças para que haja força em geral – é levado a perguntar: "Não é todo o pensamento de Nietzsche, uma crítica da filosofia como indiferença ativa à diferença, como o sistema da redução ou de repressão adiaforística?".[33] Sem dúvida, há muitos pontos de contato entre Deleuze, Derrida, Lyotard e outros autores que compõem esta complexa rede de pensamento e Nietzsche, assim como há também muitas diferenças significativas.

É possível encontrar neste movimento de pensamento, que tem a diferença como elo de ligação, algumas características comuns, tais como: recusa a ver o conhecimento como uma representação precisa da realidade; as narrativas genealógicas substituem a ontologia, isto é, as questões de ontologia tornam-se historicizadas; questiona o cientificismo das ciências humanas, adota uma posição antifundacionalista em termos epistemológicos e enfatiza um certo perspectivismo em questões de interpretação; questiona o realismo e o racionalismo, coloca em dúvida a pretensão estruturalista de identificar as estruturas universais que seriam comuns a todas as culturas e à mente humana em geral; rejeita a idéia de que um sistema de pensamento possa ter qualquer fundamentação lógica. Não existe nenhuma fundação que possa garantir a validade de qualquer sistema de pensamento; há uma série de diferentes métodos e abordagens, tais como, a arqueologia, a genealogia, a desconstrução, todos tendem a enfatizar as noções de diferença, de determinação local, de rupturas ou descontinuidades históricas, de serialização, de repetição e uma crítica que se baseia na idéia de desmantelamento ou de desconstrução.

Talvez as proximidades parem por aí, senão antes. São singularidades, numa multiplicidade, que tentam atender

---

[33] DERRIDA, 1991, p. 50.

ao apelo de Nietzsche de atentar para a diversidade como elemento positivo na produção dos conhecimentos, mas que, justamente por atender ao apelo da diversidade, ficam marcadas pelas diferenças, entre si e com as outras.[34] Não há filosofias da diferença puras, não contaminadas por outros autores que não Nietzsche, pois, segundo Derrida, a teoria contemporânea é um campo constituído por forças plurais. Cada teoria constitui sua identidade apenas por meio da incorporação de outras identidades, por contaminação, parasitismo, enxertos, transplantes de órgãos, incorporação.[35]

O movimento da *différance*

A noção de *différence* – diferença em francês – é elemento central neste movimento. Lyotard trata do *diferendo*, Deleuze de *diferença (pura)* e Derrida da *différance*. Certamente, todas elas dignas de nota e estudo mais demorado. Para este escrito, atentaremos à *différance*, cientes, desde já, de sua incompletude, indefinição. Tarefa impossível? Sim e não. Sim, é impossível, se pensarmos pela linha do discurso filosóficológico, marcado por binaridades que compõem a língua e o pensamento que habitamos, pois a *différance* não segue esta linha e ainda interroga o limite que sempre nos obrigou a pensar, a formar o sentido do ser em geral como presença e ausência, nas categorias do ente ou da entidade. Apesar de nosso universo de pensamento estar em jogo, tratar da *différance* talvez não seja impossível se

> nos deixarmos remeter para uma ordem que não pertence mais à sensibilidade, à inteligibilidade, a uma idealidade que se encontra ligada à objetividade do *theorein* ou do entendimento; faz-se, pois, necessário remeter à uma ordem que resiste à oposição, fundadora da filosofia, entre o sensível e o inteligível. [36]

---

[34] GALLO, 2003, p. 32-33.

[35] PETERS, 2000, p. 83.

[36] DERRIDA, 1991, p. 36.

Se conseguirmos nos remeter à esta ordem, já estaremos no próprio movimento da *différance*; movimento de pensamento que interroga o universo estável que habitamos, no sentido expressado pela palavra *sollicitare* em latim antigo, que faz abalar como um todo, faz tremer na totalidade.

A engenhosidade do neografismo: *différance*

O movimento da *différance*, ordem que resiste a oposição entre o sensível e o inteligível, é anunciado entre duas diferenças ou entre duas letras. A letra *e* e a letra *a*. Derrida engenha uma expressão (nem palavra, nem conceito) que não existe em sua língua, o francês, para poder, com ela, seguir criando a sua filosofia. Faz uma discreta intervenção gráfica – o *a* no lugar do *e* –, que permanece puramente gráfica: escreve-se ou lê-se, mas não é compreensível ao ser somente ouvida. Isto porque as palavras *différence* e *différance*, fonicamente são iguais.

> O *a* permanece silencioso, secreto e discreto como um túmulo: *oikesis* [...] Um túmulo que não podemos fazer ressoar pelo discurso, pela palavra proferida, de que diferença se está a falar, no momento em que se fala dela.[37]

Com esta "discreta intervenção", Derrida inicia o movimento da *différance*, abalando o sistema da escrita fonética em que, exclusivamente, este silêncio pode funcionar. Tal silêncio, para Derrida, recorda que não há escrita fonética (pura), pois ela não pode funcionar,

> por princípio e por direito, e não apenas por uma insuficiência empírica ou técnica, senão admitindo em si mesma 'signos' não-fonéticos (pontuação, espaçamento) dos quais, se lhe examinássemos a estrutura e a necessidade, rapidamente nos aperceberíamos que toleram bastante mal o conceito de signo.[38]

---

[37] DERRIDA, 1991, p. 35.
[38] *Idem*, p. 36.

Porém, não é somente por interesse em *sollicitare*, o sistema da escrita fonética, (demonstrando que se não há, pois, uma escrita inteiramente fonética é porque não há *phoné* puramente fonética e, neste gesto, abalar o *em si*, tão caro à metafísica), que Derrida cria este neografismo. Considera-o necessário porque, ao fazer a análise semântica do verbo *diferir*, encontra para ele dois sentidos no latim *differe*, a saber: "ação de remeter para mais tarde, de ter em conta o tempo e as forças numa operação que implica um cálculo econômico, um desvio, uma demora", o que Derrida resume em uma palavra: *temporização*.

> Diferir, nesse sentido, é temporizar, recorrer, consciente ou inconscientemente, à mediação temporal e temporizada de um desvio que suspende a consumação e a satisfação do 'desejo' ou da 'vontade', realizando-o de fato de um modo que lhe anula ou modera o efeito.

Essa temporização é também temporalização e espaçamento, devir-tempo do espaço e devir-espaço do tempo, "constituição originária" do tempo e do espaço. O outro sentido de *diferir* corresponde a não ser idêntico, ser outro, discernível. Neste sentido pode-se escrever *diferente* – quando está em questão a alteridade de dissemelhança –, ou *diferendo* – como alteridade de polêmica –, pois ambos demarcam um distanciamento, intervalo, *espaçamento*.[39] Diante do duplo significado de *diferir*, Derrida julga que a palavra diferença (com e), nunca pôde

> remeter, nem para o diferir, como temporização, nem para o diferendo, como *polemos* [...] É essa perda de sentido que a palavra différance deveria compensar. Ela pode remeter

---

[39] Aqui há uma dificuldade de tradução, impossível de ser resolvida, o que exige um esclarecimento: ao tratar do segundo sentido de *diferir*, Derrida joga, novamente, com duas palavras francesas que, graficamente são diferentes, mas fonicamente idênticas, a saber: *différent* e *différend*, significando no português, respectivamente diferente e diferendo. Eis a citação na íntegra: "Tratando-se de diferen(te)/(do)s, palavra que, portanto, poderemos escrever como quisermos, com um *t* ou com um *d*, quer esteja a alteridade da dissemelhança, quer a alteridade de alergia e de polêmica" (DERRIDA, 1991, p. 39).

ao mesmo tempo para toda a configuração das suas significações, é imediatamente e irredutivelmente polissêmica.[40]

Paradoxos na/da *différance*

Différance é, pois, produzida e produtora de efeitos de diferenças na língua: movimento pelo qual a língua, ou qualquer código, qualquer esquema de reenvios, (num código, um signo reenvia necessariamente para outros de que é diferente) em geral, se constitui "historicamente" como tecido de diferenças; é origem não-plena, não-simples, a origem estruturada e diferente das diferenças; mas não é, como produtora de efeitos de diferenças, anterior a elas porque não há uma substância como causa, uma coisa em geral, um ente presente que escape ao jogo da différance – nada escapa ao jogo da différance, nem ela mesma. Jogo irredutível a toda reapropriação onto-teológica, nele as oposições metafísicas não têm a menor pertinência, paradoxos são possíveis: sim e não, nem um, nem outro, isso e aquilo, identidade na diferença. Pelo movimento da *différance*, rompe-se com a conceitualidade clássica.

Mas o que é a *différance*? Para perseguir respostas, incorreremos em vários paradoxos. Nem conceito, nem palavra, mas a possibilidade da conceitualidade, do processo e dos sistemas conceituais em geral; nem palavra-mestra, nem conceito-mestre; não é signo, pois este é secundário em relação à presença original; nada é anterior à ela, mas não é primeiro-motor derridiano; não é Deus, ente supremo; não é, nem tem, essência e existência; não depende de nenhuma categoria do ente, seja ele presente ou ausente; nem substância, nem causa que possa dar lugar a alguma "deriva fenomenal"; barreira de toda relação com o teológico, pois não se trata de desvendar uma supra-essencialidade para além das categorias finitas da essência e da aparência, ou seja, da presença; não é nada fora das diferenças e dos diferendos.

---

[40] *Ibidem*.

A différance não é. Ela não é um ente-presente, por mais excelente, único, principal ou transcendente que o desejemos. Não comanda nada, não reina sobre nada e não exerce em parte alguma qualquer autoridade. Não se anuncia por nenhuma maiúscula. Não somente não há qualquer reino da différance como esta fomenta a subversão de qualquer reino. O que a torna evidentemente ameaçadora e infalivelmente receada por tudo aquilo que em nós deseja o reino, a presença passada ou por vir de um reino. É sempre em nome de um reino que se pode, acreditando vê-la engrandecer-se com uma maiúscula, acusá-la de querer reinar.[41]

Jogo do rastro

A différance é o que faz com que o movimento da significação não seja possível a não ser que cada elemento dito 'presente', que aparece sobre a cena da presença, se relacione com outra coisa que não ele mesmo, guardando em si a marca do elemento passado e deixando-se moldar pela marca da sua relação com o elemento futuro, relacionando-se o rastro menos com aquilo que se chama presente do que àquilo a que se chama passado, e constituindo aquilo que chamamos presente por intermédio dessa relação com o que não é ele próprio: absolutamente não ele próprio, ou seja, nem mesmo um passado ou um futuro como presentes modificados. É necessário que um intervalo o separe do que não é ele para que ele seja ele mesmo.[42]

Só há significação de algo, só há algo na relação com o que não é o mesmo, não há nada fora de relações de diferenças e diferendos; nada se basta; neste sentido não há nada *em si,* só efeitos de diferenças; algo só é a partir do rastro de outro, que também é rastro de outros rastros; só há rastros. Derrida chama a atenção para a necessidade de arrancar o conceito de rastro do esquema clássico-metafísico que o

> derivaria de uma presença ou de um não-rastro originário e que ele faria uma marca empírica, é mais do que necessário

---

[41] DERRIDA, 1991, p. 55.

[42] *Idem*, p. 45.

falar de rastro originário ou de arqui-rastro. E, no entanto, sabemos que este conceito destrói o seu nome e que, se tudo começa pelo rastro, acima de tudo não há rastro originário.[43]

Neste jogo de rastros, a *différance* encontra-se envolvida em um trabalho que põe em movimento, por meio de uma cadeia de outras configurações textuais – o que Derrida chamará de *indecidíveis*[44] – que não se deixam compreender "na oposição filosófica (binária) e que, entretanto, habitam-na, opõe-lhe resistência, desorganizam-na, mas, sem nunca dar lugar a uma solução na forma da dialética especulativa",[45] uma vez que desconstrói a língua da metafísica não como crítica reativa mas como afirmação trágica e alegre, nietzschiana.[46]

Não há essência, nem verdade, não há um nome, *différance* é um inominável que, como todos os nomes é *rastreado, arrastado,* transportado, reinscrito como uma falsa entrada e saída e ainda parte do jogo. Inominável/impensável/impossível para a lógica onto-teológica – filosofia. Que

---

[43] *Idem*, p. 44.

[44] São exemplos de indecidíveis: o *grama* – não é nem um significante nem um significado, nem um signo nem uma coisa, nem uma presença nem uma ausência, nem uma posição nem uma negação –, o *espaçamento* – não é nem o espaço nem o tempo –, o *pharmakon* – não é nem o remédio nem o veneno, nem o bem nem o mal, nem o dentro nem o fora, nem a fala nem a escrita. "Nem/nem quer dizer ou 'ao mesmo tempo' ou 'ou um ou outro'" DERRIDA, 2001, p. 50. Configurações que a *différance* se deixa submeter a substituições não-sinonímicas, consoante a necessidade do contexto, demarcando em si mesma e no movimento que produz o jogo do rastro.

[45] *Idem*, p. 49. A "solução" a que se refere Derrida, diz respeito ao tratamento que o idealismo hegeliano dá às oposições binárias do idealismo clássico: suprassume-as (*Aufhebung*: suprassumir, subsumir ou superação), isto é, resolve a contradição das oposições no interior do discurso dialético, criando um terceiro termo e, em decorrência deste, subsumindo com qualquer diferença. Derrida insiste em distinguir *différance* da diferença hegeliana, uma vez que esta só determina a diferença como contradição, a fim de resolvê-la no interior da dialética, aquela – que já tem na própria marca silenciosa "a" o caráter produtivo e conflitivo – não se deixa jamais suprassumir totalmente, pois marca seus efeitos, jamais se deixando comandar por um significado transcendental. (*Idem*, p. 51).

[46] Conforme NASCIMENTO, 2000, p. 16.

tal pensar, nietzschianamente, a *différance* como um jogo de rastros/forças? Não ela mesma como força, mas como a tensão, a diferença entre forças, que permite a sua existência, pois uma força pura não é força; só há força quando há resistência, uma outra força. Onde há força, há vida, onde há vida há *différance*...

Referências bibliográficas

BENNINGTON, Geoffrey e DERRIDA, Jacques. *Jacques Derrida*. Rio de Janeiro: Jorge Zahar Ed., 1996.

DELEUZE, Gilles. *Nietzsche e a filosofia*. Rio de Janeiro: Rio, 1976.

DELEUZE, Gilles. *Nietzsche*. Lisboa: Edições 70. 1994.

DERRIDA, Jacques. *Margens da filosofia*. Trad. Joaquim Torres Costa, António M. Magalhães. Campinas: Papirus, 1991.

DERRIDA, Jacques. *Gramatologia*. Trad. Miriam Chnaiderman e Renato Janine Ribeiro. São Paulo: Perspectiva, 1999.

DERRIDA, Jacques. *Posições*. Trad. Tomaz Tadeu da Silva. Belo Horizonte: Autêntica, 2001.

DERRIDA, Jacques. A estrutura, o signo e o jogo no discurso das ciências humanas. In.: *A escritura e a diferença*. São Paulo: Perspectiva, 2002.

GALLO, Sílvio. *Deleuze e a educação*. Belo Horizonte: Autêntica, 2003.

LINGIS, Alphonso. A vontade de potência. In.: *Educação & Realidade*. Porto Alegre: UFRGS, 17 de maio de 2004.

LYOTARD, Jean-François. *A condição pós-moderna*. Rio de Janeiro: José Olympio, 2004.

MARTON, Scarlett. Nietzsche e Hegel, leitores de Heráclito ou a propósito de uma fala de Zaratustra: da superação de si. In.: STEIN, Ernildo; BONI, Luís A (org.). *Dialética e liberdade*: festschrift em homenagem a Carlos Roberto Cirne Lima. Petrópolis: Vozes; Porto Alegre: Universidade Federal do Rio Grande do Sul, 1993, p. 522-538).

NASCIMENTO, Evando. Derrida e a cultura. In. NASCIMENTO, Evando; GLENADEL, Paula (org.). *Em torno de Jacques Derrida*. Rio de Janeiro: 7Letras, 2000, p. 9-21.

NIETZSCHE, Friedrich. *Ecce Homo:* como alguém se torna o que é. Trad. Paulo César de Souza. São Paulo: Companhia das Letras, 1995.

OLIVEIRA, Manfredo Araújo de. *Reviravolta linguístico- pragmática na filosofia contemporânea.* São Paulo: Loyola, 1996.

ORLANDI, Luiz. Marginando a leitura deleuzeana do trágico em Nietzsche. In.: SANTOS, Volnei (org.). *O trágico e seus rastros.* Londrina: Eduel, 2002, p. 15-53.

PECORARO, Rosário Rossano. Niilismo, metafísica, desconstrução. In. DUQUE-ESTRADA, Paulo Cesar (org.). *Às margens:* a propósito de Derrida. Rio de Janeiro: PUC-Rio; São Paulo: Loyola, 2002, p. 49-72.

PETERS, Michael, *Pós-estruturalismo e filosofia da diferença.* Belo Horizonte: Autêntica, 2000.

RAJAGOPALAN, Kanavillil. Ética da desconstrução. In. NASCIMENTO, Evando; GLENADEL, Paula (org.). *Em torno de Jacques Derrida.* Rio de Janeiro: 7Letras, 2000, p. 117-124.

SILVA, Tomaz Tadeu. "O Adeus às Metanarrativas Educacionais". In: *O sujeito da educação: estudos foucaultianos.* Petrópolis: Vozes, 1994.

CAPÍTULO IV

Dos porquês: do teatro, das crianças, da escola, do modo de escrita. Por quê?!?[1]

Taís Ferreira[2]

As perguntas do começo

Andemos. Nós nos deslocamos – de transgressão em transgressão, mas também de digressão em digressão. [...] Tudo se passa como se fôssemos de dificuldade em dificuldade. Melhor ou pior, e mais gravemente: de impossibilidade em impossibilidade.[3]

Por que escrever a experiência? Pensar, refletir a experiência? É factível narrá-la? Não seria inútil dedicar-se à impossível tarefa de apreensão daquilo que não nos pertence? Àquela experiência (ainda) que envolve os "outros maléficos",[4] os enigmas indecifráveis? Que dizer, então, da *quase* impossibilidade também de apre(e)ndermos tudo aquilo que *imaginamos* como nos pertencendo? Para que e por que pensar crianças e teatro, teatro através de crianças, crianças no teatro e com o teatro? Como refletir a experiência em uma linguagem (portadora de tantas linguagens) e *os outros* que

---

[1] Na feitura destes escritos, o desejo que me acometia era justamente de pensá-los enquanto uma *introdução-questionamento* à dissertação de mestrado que ora escrevo, intento e invento. Perguntas que fiz e faço a mim, ao trabalho de traduzir, à dívida com os sujeitos-personagens das histórias que (re)conto, os *outros* que a compõem e a mim também, no movimento da escrita.

[2] Professora de teatro e atriz graduada em Artes Cênicas. Mestranda no Programa de Pós-graduação em Educação, Universidade Federal do Rio Grande do Sul.

[3] DERRIDA, 2003, p. 67.

[4] Tomo emprestado este termo do livro de Carlos Skliar. *Pedagogia (improvável) da diferença*. Rio de Janeiro: DP&A, 2003.

configuro como *meus outros*? Se "o outro é aquele que me transcende infinitamente, aquele que jamais posso possuir",[5] se re-conheço esta condição, abordá-lo por que? Para que a tentativa de tocá-lo, se intangível desde o início (provavelmente sem fim...)?

E mais: por que a escolha de *um* modo de escrita entre tantos outros que se poderiam construir? Por que escolho e situo-me em um espaço-tempo de escrita, que busca fixar o efêmero em página branca, por meio de uma *escrita-helicoidal*, em que os filamentos múltiplos dão voltas e enroscam-se, enredam-se e mesclam-se em movimentos oblíquos, sinuosos, de tomar e retomar, colocar e recolocar, ir e voltar? Perco-me querendo achar, envolta no fluxo potencializado por estes assaltos.

Há filamentos mestres, entre tantos outros infindáveis afluentes que interceptam os fluxos, que necessitam ser explicitados. Ver-se-ão apropriadamente ao longo da feitura e do fazer-se do trabalho que (re)crio, entretanto, é prudente apresentá-los com a devida formalidade neste espaço em que faço perguntas a mim, a minhas vontades de pesquisa, aos modos de escritura e suas implicações neste pensar-refletir-vi*ver* experiências.

Filamento de número 1: teatro. Teatro linguagem, teatro forma de mexer sentidos e sensações, teatro movimento que des-constrói na efemeridade, no fugaz, na gota de suor que escorre e some, evapora, sem que alguém, ninguém a tenha visto. Penso que nestas pequenas efemérides fugidias dê-se aquilo de inominável do teatral: o *estar junto* desconstrutor de experiências, a amorosidade necessária. Penso mais uma vez: da hospitalidade absoluta da qual deve-se embeber, armar, portar um ator em ato, no construir de sua ação com o outro, o que especta e espera, o que porta a questão, o estrangeiro ao ato que chega portando perguntas, a pergunta, que não será respondida, mas que impulsiona a hospitalidade que deve fazer, ao meio, nem ao fim nem

---

[5] MÈLICH, 1998, p. 171.

ao começo, a Hospitalidade, o receber sem questionar, sem nomear. Abrir suas portas e seu corpo, compartilhar da gota fugaz, deixar que ela evapore e seja assim aquilo que (de)marca e (des)mascara o tempo-espaço determinado e compartilhado, o tempo-espaço do estar junto do teatro e as experiências que poderão potencialmente *vir a ser* no meio, no durante, no percurso feito pela gota do momento em que brota na testa até o seu transformar-se em vapor na quentura do rosto, na esquina do queixo do ator em ato.

Filamento de número 2: crianças. Outros maléficos. Enigmas a decifrar. Indecifráveis? Estrangeiros que portam a questão, que questionam sem perguntar. "Estrangeiro quem questiona. Ele carrega e dispõe a questão".[6]

> [...] a questão do estrangeiro é uma questão *de* estrangeiro, uma questão vinda *do* estrangeiro, e uma questão *ao* estrangeiro, dirigida ao estrangeiro. Como se o estrangeiro fosse, primeiramente, *aquele que* coloca a questão ou aquele *a quem* se endereça a primeira questão. Como se o estrangeiro fosse o ser-em-questão da questão. Mas também aquele que, ao colocar a primeira questão, **me questiona**.[7] (negrito meu)

A questão inerente à presença mesma do estrangeiro: as crianças lançam a mim a questão, sem questionar-me, no entanto. O paradoxo da acolhida: acolho a questão e faço questões a partir dela. Interrogo e portanto não acolho. Sinto-me, então, impelida ao jogo de pergunta-resposta daquilo que, já a primeira vista, parece não ser respondível... Interrogo por sentir a questão tocar-me: neste fluxo faz-se aquilo que chamamos pesquisa, acerca do qual tento aqui um exercício de questionar-me, questioná-las (a pesquisa e sua escrita, que acabam por ser a mesma coisa; as crianças, que não são o mesmo e sim os *outros, meus outros*). Portam a questão e potencializam as questões. Obrigam-me a tentar fazer com que falem minha língua, assim afasto-me

---

[6] DERRIDA, 2003, p. 7.

[7] *Ibidem*, p. 5.

da Hospitalidade (absoluta, incondicional) que trazia antes como inerente ao *estar junto* teatral. Apercebo-me então que capturar o outro e fazê-lo falar minha língua para que eu o apreenda e toque não pode ser *estar junto*. Não como o pode no teatro. Paradoxo entre o que se quer ver e o como ver. Como perguntar? Como responder? Para que perguntar e para que responder?

> Como responder *a* todas essas questões? Como *nelas* também responder? Como responder por si diante delas? Diante de questões que são também pedidos, rogações mesmo? Em qual língua o estrangeiro pode endereçar sua questão? Receber as nossas? Em qual língua se pode interrogá-lo?[8]

Perguntar às crianças, pois são estrangeiros que me ofertam (e impelem) a questão. Pensar-perguntar as crianças e o teatro porque o teatro é minha língua, a língua que acabo por obrigar meu hóspede a falar, sem, no entanto, valer-me da hospitalidade incondicional, condicionando assim as formas da língua pelas quais pergunto, respondo, sou perguntada e respondida.

Cercando (em movimento inútil) mais uma vez os estrangeiros, *meus outros*, porto a questão que não é minha, mas da qual valho-me agora como tentativa de dar(me) a pensar:

> O estranho, o alheio, se define como o inacessível. Mas se isto é assim, como é possível chegar ao outro? Acaso não é toda forma de re-conhecimento um modo de conhecer? E se isto é assim, não é verdade que todo conhecimento (mesmo que seja re-conhecimento) é uma destruição da alteridade do outro?[9]

Releio a questão: sim, ela dá-me a pensar...

Acerco-me das questões: da que me porta e oferta o estrangeiro criança (as crianças estrangeiras de mim, *meus outros*) e daquela que me chega sem que a escolha, que

---

[8] Ibidem, p. 115.
[9] MÈLICH, 1998, p. 174.

herdo dos autores que me antecederam e dos quais sou herdeira em-dívida(da). A tensão da herança atravessa-me:

> Reafirmar, o que significa isso? Não apenas aceitar essa herança, mas relançá-la de outra maneira e mantê-la viva. Não escolhê-la (pois o que caracteriza a herança é primeiramente que não é escolhida, sendo ela que nos elege violentamente), mas escolher preservá-la viva.[10]

Escolho mantê-la viva dando-lhe outra vida, uma vida-em-escrita, que viva da e na escrita que intento e invento acerca de *meus outros* crianças, do teatro-língua que porto, da escola que hospeda a mim, aos outros e à linguagem.

Filamento de número 3: escola.

> [...] a hospitalidade absoluta exige que eu abra minha casa e não apenas ofereça ao estrangeiro (provido de um nome de família, de um estatuto social de estrangeiro etc.), mas ao outro absoluto, desconhecido, anônimo, que eu lhe ceda lugar, que eu o deixe vir, que o deixe chegar, e ter um lugar no lugar que ofereço a ele, sem exigir dele nem reciprocidade (a entrada num pacto), nem mesmo seu nome.[11]

Assim, sou acolhida como a estrangeira na casa que é a escola, no espaço que captura a fim de normalizar, de inserir na norma, de aproximar da norma, de ensinar tudo aquilo que se julga "absolutamente necessário e imprescindível" aos *outros*. Ensinar a língua ao estrangeiro para que se torne um de nós e deixe de ser aquilo que é, de portar aquilo que porta, de perguntar *a* pergunta. Afasta-se, assim, (d)a Lei da hospitalidade cercando(-se)(-nos) (d)as leis da hospitalidade? Hospeda, porém, mais uma vez, desfaz-se a possibilidade da acolhida incondicional. Contrapondo-se às palavras acima, de Derrida, constitui-se um movimento recíproco: a escola hospeda as crianças e me hospeda também; eu, por minha vez, hospedo as crianças em minhas práticas de linguagem, com as vontades daquele que quer

---

[10] *Ibidem.*

[11] DERRIDA, 2003, p. 23-25.

saber. Criam-se pactos: entre a escola e eu, entre as crianças e eu. Pactos, expectativas, espectadores. Assim, não há a acolhida absoluta, nem eles me acolhem nem eu os acolho. Acordamos uns com os outros. Contudo, no acordo produzimos experiências. E nesse acordo discordamos e concordamos.

Porto minha língua e eles acolhem-na.

> A língua resiste a todas as mobilidades por que ela se desloca comigo. [...] Porque isto que não me deixa, a língua, é também, na realidade, na necessidade, para além do fantasma, isto que não cessa de partir de mim. A língua só é a partir de mim.[12]

Ela parte de mim e é, de certa forma, acolhida por eles, também meus reféns. Há produtividade neste movimento de acolher e ser acolhido, de portar a língua e impô-la ao estrangeiro, de operar *na* linguagem. Os resultados produzidos, quando recolhidos e recolocados, ressignificam. No movimento se formam, deformam e conformam. Nunca foram dados: foram cria(da)dos, inventa(da)dos. Pelas crianças, por mim, por intermédio da escola, na linguagem que porto e apresento, que é acolhida como a *carícia* que seria a única possibilidade de tocar o *rosto* do outro. A carícia como resposta *de* outro, não *a* outro. A carícia não como tecnologia, mas como resposta singular e única, como responsabilidade pelo outro, *responsividade*. Pois,

> aquele ou aquilo que acaricio não é nunca meu, não o possuo, mas respondo *dele*. Não é um sentimento, mas um modo de entrar em relação com o outro.[13]

Portanto, neste movimento de *vir-a-ser*, de (re)criar-se na diferença, também pelo contato fugidio da carícia, dentro e através da escola, as crianças (os estrangeiros), o teatro (a linguagem) e eu (hóspede e hospedeira), reconhecemo-nos na diferença que nos constitui, no diferir que nos faz em (rel)ação, porque aí

---

[12] *Ibidem*, p. 81.
[13] MÈLICH, 1998, p. 174.

o hospedeiro torna-se hóspede. O hóspede (*guest*) torna-se hospedeiro (*host*) do hospedeiro (*host*). Essas substituições fazem de todos e de cada um refém do outro.[14]

A linguagem é também hospedada na casa e hospedeira dos discursos e da língua do hospedeiro: o teatro hospeda a escola tomando-lhe de empréstimo suas formas e conteúdos, seus currículos e os saberes que veicula; e a escola, na grande maioria das vezes em que o teatro acontece para as crianças, hospeda o teatro, chama-o e acolhe-o entre seus muros, fazendo com que ele, que também é linguagem, fale a sua língua, a língua dos "conteúdos absolutamente necessários". E os pequenos estrangeiros, capturados e presos na nau da escola, navegam pelos mares e rios de uma linguagem não-cotidiana, que se torna familiar porque fala o que quer ouvir e mostra o que quer ver (quase sempre, o que não é sempre!) a hospedeira, a escola. Aí, neste momento, fundem-se e confundem-se a escola e o teatro, o teatro e a escola. Tornam-se reféns um do outro.

Um pedaço do meio, no qual questiono os modos de escrita na (im-possível?) tradução das gentes

> [...] a escrita não começa. [...] na mesma medida em que o livro não pode terminar, a escrita não pode, pois, começar.[15]

E as crianças, as gentes, os outros que (es)(a)colhi? E os estrangeiros que esperam e espectam? Constroem experiências nesse acolher e ser acolhidos, entre os muros do pátio da escola e as paredes do palco vazio? E eu, também estrangeira, que faço com as perguntas que me movem e com as experiências que as perguntas me impelem a construir junto às crianças? Que farei eu daquilo que foi cuidadosamente recolhido, ensacado, classificado, aquilo que produzimos (con)juntamente, por intermédio da(s) linguagem(ns), as crianças e eu? Podem ser eles (os

---

[14] DERRIDA, 2003, p. 109.
[15] DERRIDA, 2001, p. 20.

inventa(da)dos, cria(da)dos) fertilizantes de algo que (re)criarei? Serão eles indutores criativos, espécie de adubo que incita a nascer, crescer e morrer algo que não estava lá antes do próprio adubo *vir-a-ser*?

Novamente pergunto, partindo daquilo que move, das perguntas, da questão que me trazem os *outros maléficos*, na vontade de mobilizar também: como escrever sem matar? Como (trans)portar a experiência (ao)no papel? Como não planificar aquilo(aqueles) que é(são) tri, quadri, multidimensional(is)? Como a língua cria e recria e transforma e dá forma? E tira a forma? Reforma, talvez.

(Trans)Formando-nos no movimento, no estar da ação mais do que no ser do ato, chego ao momento da página em branco. Como, agora, não matar? Como, neste momento da escrita, fazê-los vivos? Como adiar a morte em vida? Fazer-me viva, viver-nos? Como? Tentativas sempre frustradas... É na voluptuosidade da forma helicoidal que posso reconhecer-me, ainda que efemeramente, em movimento, em troca, em vida, em fazer viver-nos, em "adiar a morte, mesmo sabendo da morte", em "viver sem em nada adiar a vida, ainda sabendo da morte".[16]

O texto duro não me agrada, não me (trans)forma nem muda. Emudece. E eu quero experimentar na carne o jogo (da *différance*?!?), de poder sentir a carícia que um outro qualquer me oferece, construindo-me na construção mesma do texto que nomeio como meu e que me escapando deixa de ser meu e é de quem o lê. Eu tenho a vontade de um texto que diga de mim, sobre mim, a partir de mim, ou melhor, que me atravesse e seja atravessado por mim, que diga daqueles sobre os quais eu me autorizei e arrisquei a falar, que seja também por eles atravessado. Aleatoriamente autorizei-me a mim mesma, porque também me reconheço naqueles de quem falo. Eu fui e sou o *outro maléfico* que buscamos categorizar, capturar, entender, domesticar, preencher de conteúdos úteis, de pedagogias e currículos

---

[16] SKLIAR, no prelo.

absolutamente necessários... E partindo daí a frustração da total impossibilidade deste entendimento, deste (re)conhecimento; aquilo que escapa por entre os dedos e por isso mesmo amedronta, fere, desafia e instiga.

As gentes, os outros, os estrangeiros: interessam-me, incitam, mobilizam. Questionam-me. Ingratamente, faço delas/es (das gentes, de mim?) aquilo que mais detesto: meus objetos, o que repugno, o inanimado. Mas não quero que as gentes sejam meus objetos, quero que elas sejam os que suam, respiram, riem, reclamam, choram, que de mim não necessitam e precedem no estar em ação, adiando a morte em vida. Até que ponto elas não são ou estão em mim? Materialidades porosas, efêmeras e voluptuosas. Entretanto, no papel elas deixarão de ser gentes: tornar-se-ão, necessariamente, meus objetos-palavras, já que as (trans)formo em letras que juntas (de)formam palavras, que (con)formam imagens, que são representações que compõem uma linguagem que também cria por si só outra coisa que não mais as gentes, mas as outras gentes, aquelas de papel, aquelas que criamos no papel, a exemplo de um escritor, sem a destreza pertinente, no entanto.

Daí, a dívida: a dívida da (impossível) tradução. Todo ato de língua já é um ato de tradução, a tradução é a língua, a tradução porta a dívida, a eterna dívida para com o autor, para com a vida do tradutor dividido, endividado, castigado. Da tradução à confusão, ao que há de babélico na língua e é a língua mesma. A língua da qual devo servir-me e valer-me e, conseqüentemente, endividar-me com o outro, no exercício da escritura. Se o narro, o traduzo, se o traduzo: devo-lhe. Sempre. À dívida com os autores, à dívida da herança, comumente presente em trabalhos da academia, junta-se a dívida aos *outros* que torno personagens em minha escrita. Personagens de papel, no papel. Acumulam-se as dívidas...

Porém, outra coisa me surge: endividada que estou na (impossibilidade que porta a) tarefa de traduzir, os *objetifico*, aos outros, somente enquanto penso que posso. Será que são as minhas histórias que narram esses outros, estrangeiros que acolho e que me acolhem? Esses outros existem ou sou eu que os significo a partir de minhas(suas) experiências de traduzir? E se assim for: até que ponto seria possível objetivá-los (e a mim também), entendendo que sou aqueles de quem falo? Se sou esses outros tantos sujeitos estrangeiros a mim, de mim, ao falar deles e de mim qual de nós estará sendo objetivado? Somos na tradução confusão? Construímo-nos, então, naquilo que Derrrida chamou de movimento da *différance*? Sujeitos se produzem no movimento da *différance*, em uma produção sistemática de diferenças, a produção de um sistema de diferenças? Em um movimento de diferir que não é oposicional: uma heterogeneidade não-oposicional?

> Diferidos em razão do princípio mesmo da diferença, que quer que um elemento não funcione e não signifique, não adquira ou forneça seu 'sentido', a não ser remetendo-o a um outro elemento, passado ou futuro, em uma economia de rastros?[17]

Questiono mobilizada pela confusão gerada pela dívida, pela impossibilidade da tradução a qual me dedico.

Não quero traduzir tornando-os objetos, não os quero coisificar dentro da dureza do texto acadêmico, não quero planificar, torná-los simples imagens bidimensionais daquilo que é multidimensional, que nos escapa justamente por tantas faces apresentar. Pois o humano que se constrói por meio dos discursos e das linguagens também pode ser friamente assassinado por elas, no momento mesmo da tradução, quando a dívida se engessa e o movimento cessa. Assumindo a necessidade absoluta do movimento, pergunto: qual(is) a(s) possível(is) posi-negatividade deste movimento? Assassiná-los para dar vida novamente. Outras formas de viver. Outras formas de produzir na linguagem. Outros novos *outros* estrangeiros?

A linguagem escrita, dentro dos rígidos padrões que impõe este tipo de trabalho, gênero reconhecido e estudado, apresenta-se como um eficaz assassino das gentes e de

---

[17] DERRIDA, 2001, p. 34-5.

suas humanidades. Elas tornam-se duros-dados, que se tornam membros amputados de algo que outrora tivera vida. E dentro de nossas pretensões de entendimento e captura, perdemos o que há de humano em nosso trabalho, nas relações que criamos, nas teias que tecemos durante o espaço-tempo em que atuamos com os sujeitos que são as gentes que desejamos traduzir.

Pode-se pensar, então, em uma escrita que, ao invés de matar, adie a morte, mesmo sabendo da morte?[18] Há modos de escrita que busquem adiar a morte-em-vida? Que potencializem o movimento e a confusão babélica da língua a ponto de fazer da tradução a própria vida-na-escrita, ao invés de sua morte-em-vida?

Pensar minha escrita:
por fim, sem fim, a fim, enfim

> Não há escrita que não se constitua uma proteção, em *proteção contra si*, contra a escrita segundo a qual o 'sujeito' está ameaçado ao deixar-se escrever: *ao expor-se*.[19]

Devo justificar minha escrita de *eus*, de sentidos e sentimentos. Pois bem: justifico-a porque não quero coisificar as gentes sobre quem, com quem *estou e estive junto* na construção deste trabalho que apresenta-se como uma história, que também sou eu e a minha história. São elas que me importam agora, as formas como as (re)criarei por meio da linguagem escrita, inserida dentro da academia, espaço privilegiado das ciências que dizem e buscam "a verdade" das coisas, das gentes, dos mundos. E nesta busca incessante das "grandes verdades", bicho vira coisa, gente vira coisa e a coisificação generalizada toma conta do que se diz, do que se pensa, daquilo que se propõe e a que se propõe. Contudo, o humano não tem a verdade, e sim a pretensão dela, que se faz na língua. A pretensão é o dis-

---

[18] SKLIAR, no prelo.
[19] DERRIDA, 1995, p. 218.

curso. Quais os caminhos que escolho para minha pretensão de verdade na escritura do trabalho de pesquisa *junto aos* estrangeiros-crianças, à língua(gem)-teatro e à hospedeira-escola? Quais caminhos escolho na pretensa tradução (da experiência) que proponho? Busco "a ausência de significado transcendental [que] amplia indefinidamente o campo e o jogo da significação"?[20]

Devo assumir as debilidades que me acometem na impossível tarefa de dar vida às gentes de carne e osso no espaço plano do papel. Dilatar o plano da folha é tarefa para grandes escritores. Por isso desculpo-me de antemão: tentativas frustradas de abarcar a multidimensionalidade das gentes poderão recair em parágrafos medíocres, em frases incertas, em enunciados dúbios e pedantes, em linguagem pouco acertiva. Demasiado poéticos talvez, mas sempre em busca de fazer das gentes neste papel gentes que tenham vida, não simplesmente objetos coisificados pelo palavreado e palavrório acadêmico.

Pretensão a minha que não se cumprirá jamais, haja vista a impossibilidade de fazer gentes que respiram no papel. Impossibilidade que não exclui certa margem de tentativa. Assim, comprometo-me a fugir do estereótipo fácil e da emotividade exacerbada, dos arroubos apaixonados do criador por aqueles que cria. Tentarei trabalhar dentro de um espaço de criação, tomar a tarefa da escritura desta dissertação como a da tradução (criação?) daquilo e daqueles sobre os quais intento pensar, discutir, refletir. Exercício árduo e doloroso, mas que propicie *pequenas mortes* afáveis ao final das jornadas de trabalho, além das incomodas incertezas e decepções que me perseguirão pelo caminho.

Pensa Derrida que

> se só houvesse percepção, permeabilidade pura às explorações, não haveria exploração. Seríamos escritos mas nada ficaria consignado, nenhuma escritura se produziria, se reteria, se repetiria como legibilidade.[21]

---

[20] DERRIDA, 1995a, p. 232.

[21] DERRIDA, 1995, p. 222.

Assim, espero que me traga este exercício de exploração tradução e (re)criação em constante movimento, para além da percepção, aquilo de humano que há em mim, que há nas gentes, que há na escritura e na feitura de algo que não é meu, que me escapa, sendo construído em co-autoria por aqueles que me lêem, a quem me dirijo, aqueles que ainda não tem rosto, mas que fazem estas gentes comigo a partir de agora, com seus olhares e sentires.

E talvez resida aí a possibilidade da vida no papel: no movimento gerado na impossibilidade mesma da tradução, pela confusão babélica inerente à língua, pelo adiar a morte (mesmo sabendo da morte) em vida na escrita, pelo construir-se na amorosidade pelo outro, na herança, na dívida indelevelmente herdada. Quem sabe, um dia, aproximar-me da necessidade de que

> em um tal espaço e guiado por uma tal questão, a escrita não-queira-nada-dizer. [...] Simplesmente ela se tenta, ela se tende, ela tenta deter-se no ponto de esgotamento do querer-dizer.[22]

Referências

DERRIDA, Jacques. Freud e a cena da escritura. In: DERRIDA, Jacques. *A escritura e a diferença*. São Paulo: Perspectiva, 1995.

DERRIDA, Jacques. A estrutura, o signo e o jogo no discurso das Ciências Humanas. In: DERRIDA, Jacques. *A escritura e a diferença*. São Paulo: Perspectiva, 1995a.

DERRIDA, Jacques. *Posições*. Belo Horizonte: Autêntica, 2001.

DERRIDA, Jacques. *Torres de Babel*. Belo Horizonte: Editora UFMG, 2002.

DERRRIDA, Jacques; DUFOURMANTELLE, Anne. *Anne Dufourmantelle convida Jacques Derrida a falar da hospitalidade*. São Paulo: Escuta, 2003.

DERRIDA, Jacque; ROUDINESCO, Elisabeth. Escolher sua herança. In: DERRIDA, Jacque; ROUDINESCO, Elisabeth. *De que amanhã...* Rio de Janeiro: Jorge Zahar, 2004.

---

[22] DERRIDA, 2001, p. 20-21.

MÈLICH, Joan-Carles. A resposta ao outro: a carícia. In: *Imagens do outro*. LARROSA, J.; PEREZ, N. (Orgs.). Petrópolis: Vozes, 1998.

SKLIAR, Carlos. *Pedagogia (improvável) da diferença*. Rio de Janeiro: DP&A, 2003.

SKLIAR, Carlos. *Experiências com a palavra*. Rio de Janeiro: DP&A, no prelo.

CAPÍTULO V

ESTILHAÇOS DEPOIS DA TEMPESTADE: DIVAGAÇÕES SOBRE IDENTIDADE, ESCRITA, PESQUISA...

Shaula Maíra Vicentini Sampaio[1]

> Esse encadeamento, esse tecido, é o texto que não se produz a não ser na transformação de um outro texto. Nada [..] está, jamais, em qualquer lugar, simplesmente presente ou simplesmente ausente. Não existe, em toda parte, a não ser diferenças e rastros de rastros. (DERRIDA, 2001, p. 32)

Movimento de desconstrução: começar com a(s) pergunta(s)

Traduzir a perplexidade em palavras. Difícil tarefa esta de dar forma e conteúdo às questões que me movimentam após as leituras (certamente iniciais) que fizemos de Jacques Derrida... Questões, inquietações, rupturas provocadas pelo que vem de fora, imprevisto e estranho, que desestabiliza minhas vontades "estabelecidas" de pesquisa e dão o que pensar. Tentarei, aqui, deslindar algumas destas questões. A primeira é a mais direta: como é possível, ainda, pensar a identidade? Por que continua me parecendo importante tematizá-la? De que maneira não lidar com a identidade como uma "redução ao mesmo" ou, para usar uma expressão derridiana, como ipseidade? É possível/desejável desconstruir o que entendemos por identidade sem destruir? E, em meio aos escombros, como dar-lhe sobrevida?

---

[1] Educadora Ambiental, Mestranda em Educação, Universidade Federal de Rio Grande do Sul.

Aproximando mais as questões relacionadas ao meu "pesquisar": ao ouvir, gravar, transcrever, registrar, analisar, recortar, colar, escrever, inscrever e ler as narrativas das professoras sobre suas experiências de formação (em educação ambiental), não é fatal – em sua ambígua possibilidade semântica, como desígnio e como lamento – que sejam enclausurados os sentidos? Como fazer da escrita (e da pesquisa) um acontecimento? Como produzir na escrita o espaçamento, a abertura, o rastro? Serei capaz de uma escrita que não seja um lastro e cristalize o devir narrativo das professoras, mas que se abra para os sentidos plurais que estas narrativas ensejam, sem querer esgotar, explicar, totalizar? E o que fazer com a impossível tarefa de falar/escrever as palavras alheias, as palavras do *outro* sem rotular, sem nomear este *outro*, sem anular seu mistério?

Se a tradução não se limita às operações que se dão entre diferentes idiomas, mas acontece em todos atos comunicativos, e se traduzir não é dar cabo das diferenças ("anti-babelizar"), mas "babelizar", ou seja, aprofundar "as estratégias disseminadoras e pluralizantes da língua mesma" (Larrosa, 2004); como abordar o resultado escrito desse meu encontro com as professoras: as anotações de campo e as transcrições das entrevistas (e tudo o mais que for produzido a partir destas)? Quais possibilidades de não se tratar esses registros como um testemunho fiel do momento de contato, marcado pela ilusão da presença, mas como trabalho de invenção e tradução, que pluraliza comunicando e comunica pluralizando? Poderei saldar essa dívida impagável – essa necessidade impossível da tradução a que estamos fadados a cada vez que lidamos com a palavra de outrem – que me engaja aos ditos das professoras, os *outros* dessa pesquisa?

De limites, inversões e rasuras – a identidade como problema

[a desconstrução] tenta pensar o limite do conceito, chega a resistir à experiência desse excesso, deixa-se amorosamente exceder. É como um êxtase do conceito: goza-se dele transbordantemente. (DERRIDA; ROUDINESCO, 2004a, p. 14)

A questão que faço, na minha língua de pesquisadora – estudante – educadora ambiental, identidades que me atribuo entre tantas outras, quer capturar narrativas para, a partir destas, pensar como se constituem discursivamente as identidades em educação ambiental. Pergunto para ouvir/pensar os processos de identificação que se dão pelo ato da enunciação, nas narrativas produzidas, que não subjazem em nenhum outro lugar, que não seja no próprio "dizer(-se)" das professoras.

É preciso, porém, estar ciente dos riscos que corro por trazer a questão problemática da identidade, questão sob questão, que se vê rasurada por, historicamente, tender a remeter à oposição metafísica entre identidade e diferença, referenciada por uma presença plena, em cada um dos termos, "de um valor ou *sentido* que seria anterior à diferença, mais originário que ela e que, em última instância, a excederia e a comandaria" (DERRIDA, 2001, p.36, grifo do autor).

Em defesa da identidade, muitas guerras foram (e continuam sendo) travadas, inúmeros *apartheids* instituídos, além da invenção de uma infinidade de estratégias de disciplinamento e controle, com o propósito de corrigir/governar aquelas identidades constituídas como desviantes, estranhas, anormais: em suma, *os outros*. Estratégias estas, freqüentemente, imbuídas das "melhores intenções", como mostra-nos Veiga-Neto (2001) a respeito das políticas pedagógicas de inclusão, para mencionar um único exemplo.

Identidades que se (re)afirmam precisamente por meio da intensificação e fixação da oposição dicotômica, marcando o contraste com o que é diferente, o exterior que lhe constitui. "O outro diferente funciona como depositário de todos os males, como o portador das *falhas* sociais" (DUSCHATZKY; SKLIAR, 2001, p. 124). Esse *outro* é o que eu não sou e, assim, nesse jogo de claro-escuro, reconheço minha identidade, límpida, antagonicamente disposta em relação a esse indesejável diferente. O *outro* torna-se, assim, necessário, mesmo que perigoso, para que possamos "justificar o que somos, nossas leis, as instituições, as regras, a ética, a moral e a estética [...]" (*Ibidem*). Desenvolvendo este tipo de argumento, pode-se pensar a afirmação da identidade do educador ambiental como constituída pela diferença em relação às pessoas consideradas "alienadas" em relação aos problemas ambientais, ou com as que são tidas como "consumistas" ou aquelas que desenvolvem atividades que acentuem a degradação ambiental; enfim, alguns possíveis *outros* que possam ajudar a construir, por meio da diferenciação, a identidade do educador ambiental. Entretanto, como ocorre com grande parte dos procedimentos normalizadores, esse *outro* construído como oposto em relação à identidade do educador ambiental pode ser "recuperado", pode ser "conscientizado" e tornar-se um educador ambiental (ou, ao menos, alguém com mais responsabilidade ambiental) no futuro, abandonando as características, negativas, que lhe fazem diferente.

Essa vontade de taxonomia, que tudo divide em dois pólos tão fortemente demarcados (só para citar alguns: homem/mulher, cultura/natureza, branco/negro, identidade/diferença, ser humano/animal, adulto/criança, normal/louco, civilizado/selvagem), por mais que seja naturalizada, com a incorporação cultural desses binarismos sem muitos questionamentos, nada tem de isenta ou natural, já que um dos dois termos ocupa sempre uma posição hierarquicamente mais alta, comanda a dicotomia, relegando ao outro um papel subordinado. Derrida (2001) ressalta que na desconstrução dessas oposições binárias da metafísica deve-se evitar a sua simples neutralização, que seria ir rapidamente para *além* da oposição, em procedimentos que não gerassem atrito, integradores, tal como a pacífica celebração das diferenças entre os povos, deixando impune a lógica que engendra o binarismo. Ele (*op. cit.*), então, insiste que haja uma operação de inversão que coloque "na posição inferior aquilo que estava na posição superior" (p. 49), rigorosa e vigilante, pois a hierarquia da oposição dual necessariamente se reconstitui. Nessa (obstinada) operação ganham destaque o segundo componente dos pares supracitados: a mulher, a natureza, o negro, a diferença, o animal, a criança, o louco, o selvagem, entre tantos *outros*, em detrimento do homem, da cultura, do branco, da identidade, do ser humano, do adulto, do normal e do civilizado.

Nessas políticas da diferença (ou da identidade?) inscrevem-se movimentos em defesa do reconhecimento de índios, negros, mulheres, crianças, natureza etc, daqueles que sempre foram dominados, discriminados ou marginalizados pela força da lógica hegemônica. Embora necessária e legítima, essa inversão não é suficiente, tem limites, pois mantém-se apegada à metafísica da presença, pressupondo a diferença como algo dado, fechada nela mesma, algo que se pode (re)conhecer e defender. "Tende para um narcisismo das minorias" (DERRIDA; ROUDINESCO, 2004b, p. 34), encerrando a identidade dos *outros* em diferenças essencializadas, supondo-as homogêneas e plenas. Desse modo, não se admite a possibilidade de que existam identidades híbridas, polimorfas, mescladas, que não cabem nem lá, nem cá, que escapam das já referidas oposições binárias ou, ainda, desconsidera-se que determinadas identidades (como a identidade negra, a feminina, a indígena etc.) possam assumir diferentes – e até contraditórias – configurações e combinações.

A desconstrução da oposição metafísica (principalmente daquela que aqui nos interessa: o par identidade/diferença ou Mesmo/Outro) requer um movimento duplo: de um lado, o deslocamento provocado pela operação de inversão de posições hierárquicas nestas oposições e, afastando-se deste, de outro, irrompe um espaço para a emergência de novas possibilidades e conceitos que não se deixem apreender pela dicotomização, "marcas indecidíveis" (DERRIDA, 2001, p. 49) que habitam a oposição binária opondo-lhe resistência, desorganizando-a, implodindo-a. Essas figuras arrastam-nos da lógica que nos retêm no "ou isto ou aquilo" para a indecidibilidade do "nem isto nem aquilo". Entre elas, está a *différance*.

Nem conceito, nem palavra que exista, *différance* é uma transgressão semântica que não se pode falar, só ler ou escrever. Ao trocar-se o "e" da palavra francesa *différence*, que significa diferença em português, pelo "a", a grafia modifica-se, mas a pronúncia permanece a mesma. Assim, a *différance* remete ao que não se deixa apreender, à mobilidade do que está sempre diferido, adiado, prorrogado, escandindo a divisão espaço-tempo, na medida em que confunde a distinção entre presente e ausente. No jogo das diferenças nada está simplesmente presente, nenhum significado conduz somente a si mesmo,

> [...] nenhum elemento pode funcionar como signo sem remeter a outro elemento, o qual, ele próprio, não está simplesmente presente. Esse encadeamento faz com que cada "elemento" [...] constitua-se a partir do rastro, que existe nele, dos outros elementos da cadeia ou do sistema. (DERRIDA, 2001, p. 32)

Nem identidade nem diferença, nem Mesmo nem Outro. Significados sempre adiados, espaçando-se para mais adiante, atrelando-se a um próximo significado que, por sua vez, lança-se em direção a um outro, postergando um encontro definitivo, um desfecho. Muito embora, tais significados — todos eles — procuram disfarçar o quanto pode esse jogo de diferenças, esse contínuo resvalar, sob a ilusão, mantida a árduos esforços, de auto-referência, de consumação e de presença. Algumas palavras associadas à *différance*, que expressam seu movimento de espaçamento e dão a pensar tanto em identidade quanto em diferença e, mais ainda, em tudo aquilo que desafia essa oposição, são: desvio, suplemento, afastamento, deriva, deslizamento, permuta... É no rastro deixado por estas imagens de deslocamento, no jogo por elas encetado, que se produz a significação. O que entendemos, em cada circunstância, por identidade e por diferença não pode, então, de forma alguma, ser algo circunscrito a uma dicotomia irredutível, a significados estáveis, pois estes conceitos estão indelevelmente imersos no jogo das diferenças, e é por meio deste jogo que adquirem sentido.

Pergunto: Que fazer, então, com a identidade (ou, ao menos, com a idéia de identidade)? Descartá-la? Abdicar de teorizá-la? Talvez: trancafiá-la em um baú para que não nos atormente mais com suas questões?!? Será que assim estaremos superando-a? Indo além? É uma alternativa... Mas, quiçá, um pouco ineficaz, e até inocente, aproximando-se daquela neutralização que mencionei acima, pois, renunciando à idéia ou noção de identidade, estamos também negando-nos a empreender qualquer esforço no sentido de criticá-la e, de alguma forma, sendo cúmplices dos usos que dela têm sido feitos. Além disso, abandoná-la é uma tarefa quase impossível, já que não dispomos de outra linguagem, de outros conceitos, de outros significados para substituir os antigos que sejam imunes a estes efeitos que desejam superar.

Uma outra opção a ser tomada seria colocar "identidade" (bem como outros conceitos herdados da metafísica) sob uma *rasura* "que permite ler aquilo que ela oblitera, inscrevendo violentamente no texto aquilo que buscava comandá-lo de fora" (DERRIDA, 2001, p. 12). *Rasura* esta que conserva o conceito de identidade marcando seus limites, sem atribuir-lhe nenhuma essência, nenhum estatuto de verdade. Enquanto continuamos usando estes conceitos que colocamos em suspenso, "exploramos a sua eficácia relativa e utilizamo-los para destruir a antiga máquina a que pertencem e de que eles mesmos são peças" (DERRIDA, 1995a, p. 238). Ainda assim, os riscos são muitos e cada vez insidiosos, pois, ali quando pensávamos estar transgredindo, conhecedores do território em que nos movemos, é que podemos ser emboscados por nossa própria crítica, por nossa própria transgressão. "A transgressão implica que o limite esteja sempre em movimento" (DERRIDA, 2001, p. 19) e que mesmo a rasura que impingimos ao que queremos desconstruir seja, em certo momento, rasurada.

Como podemos, então, inscrever uma rasura na noção de identidade? Como tematizá-la sem deixá-la impune da herança que carrega consigo? Como afastarmo-nos de qualquer conotação essencialista de identidade que a aproxime de supostas origens/fundamentações biológicas, religiosas, históricas, territoriais, culturais, raciais, etárias, entre muitas outras? Retomando a questão: como dar-lhe sobrevida? Perguntas que assopro para vê-las dispersando-se no ar, planando em rodopios, sem saber muito bem onde irão cair, se vão semear algum terreno mais fértil ou fenecer sobre a dureza de um solo árido. Nada me impede, entretanto, de conjeturar, imaginar, tentar seguir algumas trilhas para ver onde vão dar e, também, de arbitrar, escolher, assumir alguns direcionamentos (assim como a responsabilidade em relação aos mesmos).

Identificação: desdobrar, transbordar, sobrar, faltar, escapar, deslizar...

> Entre ir direto ao assunto e tergiversar, fico com os dois. E com nenhum. Entre identidade e diferença, escolho as duas (ou quantas?). E nenhuma. Se tenho uma opção, prefiro não preferir. Deslizo entre as linhas e instalo-me nas margens. Transbordar do que me falta. E carecer do que me sobra...

No trecho acima, quis deixar a *différance* dar ritmo à escrita. Abrir lacunas na linearidade e, por dentro delas, passar fios de outros textos/frases/palavras, num bordado caótico. Numa escrita desdobrada? Navegando entre identidade e diferença, quero mirar o reflexo bruxuleante da *différance*. Não pretendo compor, então, um texto amarrado, fechado, no qual a *différance* precise espremer-se entre as linhas, até abrir um sulco na página, arrebentando os ligamentos entre os parágrafos, deixando, ao final, argumentos desmembrados, hipóteses desfiguradas, conclusões fraturadas. Tentarei, ao imprimir as rasuras (que me são possíveis) no conceito de identidade, produzir amarrações mais frouxas, em uma escritura que vagueia por alguns caminhos planejados de antemão (não se pode renegar a importância que têm os mapas!), mas que se permite desvios e a descoberta de novas rotas durante o trajeto. Certamente, esta escrita produzirá um texto-tecido com muitas fissuras, remendos e fios soltos.

Identidade no jogo da *différance*, identidade sempre adiada, sempre diferida, sempre deslizando. Remetendo a um próximo elemento na promessa de um encontro. Promessa nunca cumprida, pois esse elemento remete a um próximo, que, por sua vez, também não pode deter-se em si mesmo. Falacioso é o discurso da identidade auto-referente, do que "se é de verdade", do *ensimesmamento*. Placer (1998) destaca que o princípio de identidade baseado no *si mesmo* é resultado de específicas formas de governo de uns sobre os outros, produzindo uma série de efeitos de subjetivação e sugere que, em contrapartida, tentemos pensar a *"experiência de si mesmo como Outro"* (p. 138, grifo do autor). *Outro* que não se pode conhecer, nem se pode nomear e ainda que se queira capturá-lo, ele sempre se afasta.[2]

> No rosto, o outro se entrega em pessoa *como outro*, ou seja, como o que não se revela, como o que não se deixa tematizar. Não poderei falar do outro, converte-lo em tema, dizer-lo como objeto, no acusativo. Somente posso, somente *devo* falar ao outro, chamar-lhe em vocativo [...] (Derrida, 1997, p. 139, grifos do autor).

O que é, então, a identidade senão aquilo que, por mais que queiramos determinar, resgatar ou desvelar, nos foge, escorre e permanece indefinido? Não porque não tenhamos atingido o cerne, ou porque ela, a identidade, esteja escondida em algum recôndito profundo, mas talvez porque ela não seja presença, seja espaçamento: "devir-espaço do tempo" (Derrida, 1995b, p. 207). Portanto, quando acreditamos ter atingido algum cerne, descobrimos que o cerne é mais adiante e, quando, enfim, chegamos mais adiante, percebemos que ainda não era o verdadeiro cerne. E, assim, prosseguimos procurando o cerne, a essência, em um trabalho de criação e de invenção. Nas belas palavras de Larrosa (2000a):

> *o eu que importa é aquele que existe sempre mais além daquele que se toma habitualmente pelo próprio eu*: não

---

[2] SKLIAR, Carlos. *Pedagogia (improvável) da diferença. E se o outro não estivesse aí?* Rio de Janeiro: DP&A, 2003.

está para ser descoberto, mas para ser inventado; não está para ser realizado, mas para ser conquistado; não está para ser explorado, mas para ser criado. (p. 9, grifo meu)

Substituindo a palavra "eu", da afirmação feita por Larrosa, por "identidade", poderíamos dizer que *a identidade que importa é aquela que existe sempre mais além daquela que se toma habitualmente pela própria identidade*? Pensar a identidade como o que está sempre mais além, resultado de um trabalho nunca terminado de invenção, conquista e criação, dá-nos condição de vislumbrar a "experiência de si como *Outro*", isto é, a possibilidade (e a necessidade!) de diferenciarmo-nos sempre do que pensamos ser e, inclusive, de colocarmos isso que pensávamos ser em questão, em um movimento pulsante entre identificações e desidentificações. Logo, pensar a identidade é pensar "o que *já* não somos", mas também "o que *ainda* não somos". Por entre "jás" e "aindas", dizemos do que queremos nos tornar e também de como chegamos a ser o que (pensamos) que somos, em uma identidade que não se fecha, visto que se constrói na narrativa: no contar(-se). "Cada um tenta dar um sentido a si mesmo, construindo-se como um ser de palavras a partir das palavras e dos vínculos narrativos que recebeu" (LARROSA, 2000b, p. 23). Enquanto continuarmos recebendo novas palavras (e histórias, músicas, imagens, gestos...), os sentidos que damos a nós mesmos continuarão metamorfoseando-se em um infinito devir que nos faz narrar(-nos) de modo sempre diferente – e *différant*.

A intenção de pesquisar a constituição das identidades relacionadas à educação ambiental não está relacionada, pois, com a atribuição de identidades fixas ou estáveis aos sujeitos que estão envolvidos com essas práticas educativas, mas quer voltar-se para a articulação narrativa destas identidades: as relações de intertextualidade que mantêm com outras histórias, as temporalidades que nelas se estabelecem, os espaços onde são produzidas, interpretadas e mediadas, bem como as relações de poder que as atravessam.

Mesmo que nas narrativas das professoras o "ser educador ambiental" seja construído como algo determinado, essencializado, esta constituição engendra-se *narrativamente* de uma forma relacional e contigente como um *"estar sendo* educador ambiental" ou, ainda, como um *"vir a ser* educador ambiental".

Para enfatizar essa que me parece ser uma das rasuras mais incisivas no conceito de identidade, que é o adiamento inexorável do encontro com uma identidade definitiva, considero bastante pertinente a proposição de alguns autores (ver, por exemplo, PLACER, 1998 e HALL, 2000) de que o uso da palavra "identificação" possa ser mais fecundo que o uso de "identidade". A justificativa para tal opção é que este último termo poderia remeter a algo concluído, unificado e substantivado, que carrega a idéia de "mesmidade". Já a noção de identificação traz a *ação* no próprio sufixo, dando a idéia de alguma coisa que está-se fazendo, inconclusa e

> aberta, que se desdobra incessantemente na série ilimitada e superficial das identificações sem nenhuma ancoragem que a retenha, que se auto-alimenta em seu próprio devir. (PLACER, *op.cit.*, p. 144)

Poderíamos imaginar, então, as identidades como provisórias conexões que fazemos e desfazemos circunstancialmente, algumas aparentemente mais aderidas porque mais naturalizadas pelos discursos e estratégias subjetivadoras, enquanto outros encaixes identitários são mais efêmeros porque correspondem a identidades menos consensuais ou mais contingentes, mas, nunca, essas ligações são totalmente necessárias ou indissolúveis.

Algumas questões: é factível uma política de identidade (como por exemplo, a política de identidade em educação ambiental) levar em consideração o movimento ilimitado de identificação, o jogo da *différance*? Como abordar a identificação sem reduzi-la, também, a uma presença? Como lidar com a idéia evolutiva de identificação, suposta como uma progressiva aquisição de determinadas características em direção a uma identidade ideal? Há como não ser totalmente hermética, quando refiro-me a essas questões que venho discutindo neste texto em relação a um ideal de comunidade (e de identidade) que se pretende universal, como é o caso da educação ambiental e toda herança ambientalista que ela carrega? Como *deixar viver* essa herança, sem deixá-la a *salvo*, intacta? Materializo algumas inquietações em palavras, em perguntas, com a sensação de que muitas outras inquietações permanecem ainda intangíveis.

Evidentemente, não tenho a menor intenção de dissolvê-las, tentando responder às perguntas. Apenas escrevo-as para pensar. Para ler e reler. E quem sabe, a partir destas, não consigo fazer novas perguntas que me levem a outros lugares?

Para finalizar: mais perguntas...

Após embrenhar-me no perigoso território que são as discussões sobre algumas implicações relacionadas ao conceito de identidade, afasto-me desta temática e passo a dedicar-me nesta seção final a refletir sobre os dois últimos blocos de questões que apresentei no início deste texto. Não deixa de ser uma ruptura no ritmo e conteúdo que o texto vinha apresentando até aqui. Porém, considero pertinente dar vazão a alguns outros estilhaços deixados pelos vendavais, tempestades e sismos suscitados em mim pelas leituras que fizemos de Jacques Derrida, pelas discussões travadas em aula, pelas falas do professor Carlos Skliar. Abusando da metáfora meteorológica, convém mencionar outra sensação provocada em alguns momentos por tais incursões teóricas: a da ausência absoluta de vento, brisa ou qualquer tipo de movimentação de ar, tudo parado; estranha calmaria que precede o temporal.

****

> Não esquecer de levar para a entrevista: roteiro com as questões, termo de consentimento informado, autorização da Secretaria de Educação para fazer a pesquisa na escola, caderno de campo, canetas,

gravador, fitas cassete, pilhas sobressalentes, gentileza, disposição, o máximo de argúcia....

Preparativos para as entrevistas com as professoras, esses *outros* que quero pesquisar, conhecer, narrar... Tudo deve estar sob controle, previsto. No encontro com as professoras, em meio à balbúrdia da escola, uma conversa planejada, mediada, incentivada e controlada: pesquisadora e pesquisada (e gravador, um terceiro componente dessa "conversa" que não passa incógnito) em um contato permeado por mútuas expectativas, assimetrias de posição, inseguranças (veladas ou não). Em muitos momentos, a conversa embala, permeada por risadas e escuta atenta, até esquecem-se por instantes da existência de um roteiro a ser seguido e da incômoda presença do gravador; mas não tenhamos a ilusão de que seja um bate-papo descontraído: enquanto a pesquisadora ouve, pensa nos rumos que a entrevista pode tomar, que gancho interessante à pesquisa pode ser puxado do que a professora está falando, como articular a próxima questão ou "isso vai dar uma análise interessante!". O que a professora entrevistada está pensando não se pode adivinhar, mas nada nos impede de conjeturar: "será que isso não vai acabar logo? Quero tanto ir para casa!" ou "por que ela está insistindo nessa pergunta?"... Findo o encontro, despedem-se e seguem suas vidas. Daquele contato, restam algumas lembranças difusas, anotações feitas pela pesquisadora e... uma fita gravada!

Ficam presas na fita as falas, as pausas, as vacilações, mas não os gestos, olhares e expressões. Mesmo com esse primeiro "filtro", há a ilusão da presença, a crença de se ter o instante fixado naquela fita magnética. Depois vem o fastidioso trabalho de transcrição: por mais que se procure, na escrita, reproduzir elementos não-verbais como silêncios, balbucios e risadas, são apagadas as marcas de oralidade e são realizadas seleções que salientam alguns aspectos das falas gravadas e outros não, de modo que toda transcrição não deixa de ser uma interpretação e uma tradução. E por fim, as falas transcritas são lidas, relidas, destrinchadas, desmembradas, isoladas, translocadas, inseridas, comentadas, publicadas, armazenadas, citadas; o suposto instante apreendido transfigura-se e passa a fazer parte de outros (con)textos.

Frente a todos esses procedimentos tão naturalmente assimilados ao fazer acadêmico (ou à grande parte dele) e mesmo assumindo-se uma visão crítica em relação à pretensa espontaneidade das enunciações no momento da entrevista, ao seu suposto valor irredutível de verdade, à crença da palavra gravada como testemunho vivo da interação, à atribuição de um papel secundário e meramente mecânico ao trabalho de transcrição e à manipulação fragmentadora das falas transcritas como conteúdos demonstrativos, emerge a pergunta: *o que fazer com a palavra do Outro?* E mais: há como, ao lidar com a palavra do outro, não enclausurar os sentidos? Como não cristalizar o devir narrativo das professoras? Como não cristalizar o meu devir narrativo quando escrevo sobre o devir narrativo das professoras? Se, como já salientamos, as identidade estão sendo produzidas por meio das narrativas cada vez de uma maneira diferente na relação intertextual com as histórias que recebemos, como não colocar um ponto final nas narrativas destas professoras? Se "nossa história é muitas histórias" (LARROSA, 1996, p. 474), como não transformar as histórias ouvidas das professoras em uma única história? Talvez todas essas questões possam, de alguma forma, ser resumidas em só uma: como, na pesquisa, não transformar o *outro* investigado no *mesmo*? É "necessário que faltem as categorias para que não se falte ao outro; porém para que não se falte ao outro, é necessário que esse se apresente como ausência [...]" (DERRIDA, 1997, p. 139). A pergunta, então, desdobra-se em outra: como lidar com a necessária, mas impossível tarefa de falar/escrever as palavras alheias, as palavras do *outro* sem rotular, sem nomear este *outro*, sem anular seu mistério, sem transformá-lo em presença? Sem a pretensão de encontrar respostas ou soluções, contenho-me em trazer algumas divagações, inspirações, murmúrios que, talvez, acentuem as dúvidas e as incertezas e façam eclodir mais questionamentos.

****

> "Pero también se puede devenir escritor en el curso del trabajo con estas historias." (ARFUCH, 2002, p. 193)

O conselho contido na frase acima pode reverberar em tentativas de escrita que não se deixem iludir ante à transparência da palavra e, com isso, à super-valorização do seu "conteúdo", mas que se mostre mais aberta ao *acontecimento da palavra*: da palavra das professoras e da minha palavra sobre a palavra das professoras. Acontecimento é o que não pode ser previsto, nem compreendido, nem especificado, nem controlado, nem classificado; é o que escapa a qualquer tentativa de apreensão. Esta parece ser uma forma de pensar uma escrita (e uma pesquisa) que não cristalize(m) o devir narrativo: como "um acontecimento que produz o intervalo, a diferença, a descontinuidade, a abertura do porvir" (LARROSA, 2001, p. 285). Não posso deixar de transcrever algumas palavras sobre a palavra que, nesse contexto, contribuem para uma meditação sobre a escrita e a pesquisa:

> [...] dar uma palavra que não será a nossa palavra nem a continuação da nossa palavra, porque será uma outra palavra, a palavra do outro, e porque será o porvir da palavra ou a palavra por vir (*op.cit.*, p. 289).

Escrever é dar a palavra. Palavra que já não é minha, que já é outra: palavra por vir. Portanto, qualquer tentativa de domínio sobre a escrita, de fechamento de sentidos em uma linearidade explicativa é vã; as palavras são ofertadas ao outro e não podemos determinar o que estes vão fazer com elas. Da mesma maneira, as palavras ditas pelas professoras durante as entrevistas foram-me doadas (e não só a mim), já não as pertencem mas também não me pertencem. Mesmo assim, posso experimentar posicionar-me em relação a essas palavras doadas de diferentes formas: a partir de uma suposta autoridade acadêmica, que *coleta* estas vozes como *dados*; ou por intermédio de um jogo de espelhos que pretende anular as diferenças entre quem pesquisa e quem é pesquisado, resultando, muitas vezes, em uma *participação compulsória*; ou por meio da tentativa de exercitar uma *escuta plural*, conforme propõe Arfuch (2002), que não busca isolar o conteúdo do ato enunciativo, mas encarrega-se de construir tramas de sentido a partir da negociação e confrontação que se dão no devir do diálogo – apesar de estarem em jogo estratégias de registro, como a gravação e a escrita –, atentando não apenas para o que é falado mas também para os silenciamentos, as pausas e os esquecimentos.

Além disso, interessa-me pensar essas narrativas identitárias – que foram gravadas e transcritas: transpostas da fala para a escrita; supostamente fixadas – como rastros deixados na areia, logo desfeitos sob o ir e vir das ondas: "presença feita de ausência, onde a ausência na verdade se funde na presença em um presente que se faz a cada novo instante" (AMARAL, 2000, p. 34). O rastro[3], como metáfora, remete ao que está presente e ausente, legível e ilegível, no mesmo espaço-tempo, no rememorar que acontece em forma narrativa, em que o presente refigura o passado narrado, presente que também é rastro, já que se apaga logo após inscrever-se. Estes rastros de memória, por terem sido registrados, estão e estarão presentes em outros contextos, "prescindindo da presença de quem fala" (*op. cit.*, p. 37) e de quem escreve e, por isso, estabelece um modo diferente de presença. Estes novos modos de presença, materializados na escrita do diário de campo, na transcrição das fitas, nas análises destes materiais, na dissertação e nas publicações, são feitos de ausências: da ausência dos rastros, dos sujeitos, da cena da enunciação.

No espaçamento que se produz entre os rastros insondáveis do que é narrado pelas professoras entrevistadas e o que é escrito por mim no fazer da pesquisa, multiplicam-se os espaços de sentido, levando-me a questionar: como não dar cabo dessa disseminação de diferenças que permeia todos processos comunicativos? Como resistir à tentação de

---

[3] Alguns tradutores optam por traduzir a palavra francesa *trace* por "traço" e outros por "rastro".

anti-babelizar, tornando legíveis e compreensíveis as narrativas das professoras ao direcioná-las para o que me interessa discutir na pesquisa? Quais possibilidades de lidar babelicamente com essas narrativas em um permanente trabalho de tradução que, ao mesmo tempo em que é necessário, consiste em uma tarefa impossível? Poderei saldar essa dívida impagável – da necessidade e da impossibilidade da tradução – que me engaja às falas das professoras?

Por mais que a escuta seja plural, por mais que as narrativas sejam rastros, por mais que a palavra seja acontecimento, há sempre dívida, traição e exílio indissoluvelmente ligados à tarefa da tradução que nos é requerida todas as vezes em que nos comunicamos. Esta é a condição babélica das línguas, não apenas entre as línguas, mas de qualquer língua *em si*[4]. Mas lembremos que "o tradutor não trabalha para borrar a diferença, mas para fazê-la produzir" (LARROSA, 2004, p. 84). O que produz a tradução? O que se produz quando traduzo as narrativas das professoras na minha pesquisa? Não se produz uma restituição, nem uma reprodução do "original", mas um crescimento, no qual ele "sobrevive e se transforma" (DERRIDA, 2002, p. 46). São produzidos, assim, outros sentidos e essas transmutações dão nova vida às palavras "originais". Não havendo um sentido original a ser restituído, o tradutor deve "absolver-se a si mesmo de sua própria dívida" (*Idem*, p. 47). Ou seja, não se trata de resignar-se em relação à condição babélica da língua, muito menos de lamentar essa sua condição, mas, sim, de habitá-la, desfrutando do desarraigo, do exílio e da perplexidade que ela produz. Exílio e desarraigo que são irrevogáveis: "Babel é o mito da perda de algo que talvez nunca tenhamos tido" (LARROSA; SKLIAR, 2001, p. 21).

> - Você viaja para reviver o seu passado? – era, a esta altura, a pergunta do Khan, que também podia ser formulada da seguinte maneira: - você viaja para reencontrar o seu futuro?

---

[4] "Não há língua, há traduções permanentes e impossíveis" (anotação feita em aula do Prof. Carlos Skliar). SKLIAR, Carlos. *Experiências com a palavra*. Rio de Janeiro: DP&A, no prelo.

E a resposta de Marco:

- Os outros lugares são espelhos em negativo. O viajante reconhece o pouco que é seu descobrindo o muito que não teve e o que não terá.

(CALVINO, 1990)

Referências bibliográficas

AMARAL, Adriana C. L. Sobre a memória em Jacques Derrida. In: GLENADEL, Paula; NASCIMENTO, Evandro (Orgs.). *Em torno de Jacques Derrida*. Rio de Janeiro: 7Letras, 2000.

ARFUCH, Leonor. *El espacio biografico*. Dilemas de la subjetividad contemporánea. Buenos Aires: Fondo de Cultura Económica, 2002.

CALVINO, Ítalo. *As cidades invisíveis*. São Paulo: Companhia das Letras, 1990.

DERRIDA, Jacques. A estrutura, o signo e o jogo no discurso das Ciências Humanas. In: DERRIDA, Jacques. *A escritura e a diferença*. São Paulo: Perspectiva, 1995a.

DERRIDA, Jacques. Freud e a cena da escritura. In: DERRIDA, Jacques. *A escritura e a diferença*. São Paulo: Perspectiva, 1995b.

DERRIDA, Jacques. Violência e Metafísica. In: DERRIDA, Jacques. *La escritura y la diferencia*. Barcelona: Anthropos, 1997.

DERRIDA, Jacques. *Posições*. Belo Horizonte: Autêntica, 2001.

DERRIDA, Jacques. *Torres de Babel*. Belo Horizonte: Editora UFMG, 2002.

DERRIDA, Jacques; ROUDINESCO, Elisabeth. Escolher sua herança. In: DERRIDA, Jacques; ROUDINESCO, Elisabeth. *De que amanhã...* Rio de Janeiro: Jorge Zahar, 2004a.

DERRIDA, Jacques; ROUDINESCO, Elisabeth. Políticas da Diferença. In: DERRIDA, Jacques; ROUDINESCO, Elisabeth. *De que amanhã...* Rio de Janeiro: Jorge Zahar, 2004b.

DUSCHATZKY, Sílvia; SKLIAR, Carlos. O nome dos outros. Narrando a alteridade na cultura e na educação. In: LARROSA, Jorge; SKLIAR, Carlos (Orgs.). *Habitantes de babel: políticas e poéticas da diferença*. Belo Horizonte: Autêntica, 2001.

HALL, Stuart. Quem precisa de identidade? In: SILVA, Tomaz T. (Org.). *Identidade e diferença: a perspectiva dos estudos culturais*. Petrópolis: Vozes, 2000.

LARROSA, Jorge. Narrativa, identidad y desidentificación. In: LARROSA, Jorge. *La experiencia de la lectura*. Barcelona: Laertes, 1996.

LARROSA, Jorge. Apresentação. In: LARROSA, Jorge. *Pedagogia profana – danças, piruetas e mascaradas*. Belo Horizonte: Autêntica, 2000a.

LARROSA, Jorge. Os paradoxos da autoconsciência. In: LARROSA, Jorge. *Pedagogia profana – danças, piruetas e mascaradas*. Belo Horizonte: Autêntica, 2000b.

LARROSA, Jorge. Dar a palavra. Notas para uma dialógica da transmissão. In: LARROSA, Jorge; SKLIAR, Carlos (Orgs.). *Habitantes de babel: políticas e poéticas da diferença*. Belo Horizonte: Autêntica, 2001.

LARROSA, Jorge. Ler é traduzir. In: LARROSA, Jorge. *Linguagem e educação depois de Babel*. Belo Horizonte: Autêntica, 2004.

LARROSA, Jorge; SKLIAR, Carlos. Babilônicos somos. A modo de apresentação. In: LARROSA, Jorge; SKLIAR, Carlos (Orgs.). *Habitantes de babel: políticas e poéticas da diferença*. Belo Horizonte: Autêntica, 2001.

PLACER, Fernando G. Identidade, diferença e indiferência – o si mesmo como obstáculo. In: LARROSA, Jorge; PEREZ, Núria (Orgs.). *Imagens do outro*. Petrópolis: Vozes, 1998.

VEIGA-NETO, Alfredo. Incluir para excluir. In: LARROSA, Jorge; SKLIAR, Carlos (Orgs.). *Habitantes de babel: políticas e poéticas da diferença*. Belo Horizonte: Autêntica, 2001.

CAPÍTULO VI

DERRIDIANAS INTENÇÕES

Sergio Andrés Lulkin[1]

Theorein, teoria, tese. Assinar a própria escrita, produzir teoria, expor em tese e enfrentar, em combate, a disputa por sentidos. Situação dramática, em *Agôn*, lugar do enfrentamento para uma produção de verdades: palavras assinadas, em nome do autor, que ganham o lugar temporário do poder. Como sugere Alain Badiou, "toda verdade origina-se de um acontecimento" (2002, p. 23).

Argüição: pensamento tornado público pelo uso da palavra, no centro da Ágora, diante dos juízes. A tese, em combate tornado público, por intermédio da escrita e da fala, é uma defesa agônica. Arrisco, ao atravessar as arenas, aproximar os universos da arte, da filosofia e da educação, e "cinzelar, à mão livre, deuses supremos em abundância[2]", para estarem conosco em diálogo e passeio.

Método para se aproximar das verdades

> A verdade está no movimento que a descobre e no rastro que a nomeia. Trata-se menos de definir, de explicar, de compreender, que de medir-se com

---

[1] Ator, professor de Teatro na Faculdade de Educação, Doutorando em Educação, Universidade Federal do Rio Grande do Sul.

[2] *Walt Whitman (1819-1892)*. *"Eu mesmo e meu"*, *Folhas da Folhas de Relva*, São Paulo : Brasiliense, 1984. *p. 98*: [...]Não por enfeitador (haverá sempre / enfeitadores em abundância, / e também eu lhes dou as boas-vindas), / mas pelo teor das coisas / e pelos homens e mulheres que se ligam. / Não cinzelar ornamentos, mas cinzelar/ à mão livre as cabeças e pernas / de Deuses supremos em abundância / fim de que estes Estados / possam imaginá-los caminhando e falando [...].

o objeto pensado descobrindo nesse enfrentamento o território no qual a questão se inscreve, sua justeza.(DUFOURMANTELLE; DERRIDA, 2003, p. 52)

Um método para o percurso da escrita e uma escrita para ficcionar verdades. No encontro com os intercessores, somos fisgados para o interior de suas incomensuráveis ambigüidades. Le Monsieur Jacques Derrida: um multiplicador de sentidos, pensador provocador das palavras, acelerador quântico. Derrida oferece uma escrita mobilizada por fluxos, travadas, vias partidas, duplas mãos e sentidos, que provocam e produzem o desenho desse território onde se instala a verdade, para circunscrevê-la, tentar localizá-la, dar-lhe um *locus*, onde a palavra escrita supõe-se soberana. Porém, atento às subidas sem fim para um meta-lugar, escuto Jacques Derrida que nos tomba da grande Torre de Babel, dispersos por força da cobiça de nos tornarmos o "Ser" que dá a palavra, única, soberana.

> Por ressentimento contra esse nome e esse lábio únicos dos homens, ele [Deus] impõe seu nome, seu nome de pai; e dessa imposição violenta enceta a desconstrução da torre como a da língua universal e dispersa a filiação genealógica. Ele rompe a linhagem. Ele impõe e interdiz *ao mesmo tempo* a tradução. [...] A tradução torna-se a lei, o dever e a dívida, mas dívida que não se pode mais quitar. (DERRIDA, 2002, p. 18; 25)

Se há tal palavra, intraduzível, não nos pertence. Se não há, fiquemos em silêncio, outra vez. Silêncio permeado de estrelas, a tenda aberta para a chegada do hóspede que vem com sede. Dar de beber, saldar dívidas, oferecer o chá.

Eis o mapa e seus recônditos por serem lidos; por precaução, não convém assinalarmos todos os pontos, para deixar algo em aberto como esfumadas fronteiras. Os percursos assinalados indicam as trajetórias; a pontuação baliza cada jornada e recorda, num caderno de memórias, as sucessivas idas e vindas. As paradas, as estações e todos os acidentes constituem um método de aproximação com a verdade temporária, ficcional. Compasso e Circunscrição: assim nomeio o instrumento e o movimento do método, criando os campos a serem cercados e descritos, o desenho de um espaço "ao redor de", antes de chegar ao ponto central – lugar possível de habitar com a verdade, um *ethos* – que se torna eixo temporário de referência. Apesar de uma das pontas do instrumento ser fixa, há movimentos do compasso: a ponta fina se desloca para outro ponto, justo, para ampliar os raios de ação. Estamos na superfície do mapa e o que se crava é a ponta afiada, aguda. A outra, carbono-grafite da terra extraído, agora desliza e traça o raio de ação (drama, acontecimento), sob o comando único de minha mão errante. Mas não deixará de traçar um eixo e um raio, um campo de circulação. A verdade está circunscrita mas não está cerceada nem presa. A verdade circunscrita se amplia e se desloca.

Locus para escutar mapas

> Quando as formas das coisas são dissolvidas na noite, a escuridão da noite, que não é um objeto nem a qualidade de um objeto, invade como uma presença. Na noite, quando estamos presos a ela, não lidamos com coisa alguma. Mas esse nada não é um puro nada. Nada é mais isto, nem aquilo: não há "alguma coisa". No entanto, esta universal ausência é, por sua vez, uma presença absolutamente inevitável. Esta [presença] não é o correlato dialético da ausência e não é por um pensamento que a apreendemos. Ela está imediatamente ali. Não há discurso. Nada responde. Mas esse silêncio, a voz desse silêncio é ouvida [...] (Lévinas, 1998, p. 68)

Aprecio mapas: tento decifrar as geografias, reconhecer relevos; aprecio a dimensão do que é *geo*, do que pode ser do tamanho da terra, algo que tem a dimensão das grandes alturas, das grandes profundidades, dos planos mais coloridos, verde leiva, sertões plenos de carcaças, dos extensos desertos, silêncio. Silêncios desérticos, estes, que se fazem presentes em algumas obras, em algumas reflexões filosóficas, como nos pensamentos sobre a existência de algo – *il y a* – "há", de Emannuel Lévinas: afirmação da possibilidade de existência, sob a Lei maior da hospitalidade.

Ser hospedeiro ou hostil? O lugar do ambíguo e o exercício da suspeição. Suspensão, saldo em débito permanente, dívida com os patriarcas, divisão entre os herdeiros. Carregamos a cruz, carregamos as escadas para remontarmos à Babel. Toda a vontade de poder ascender pela Torre para uma aproximação com a divindade resulta na tragédia anunciada: dispersos pela *Geia*, os falantes se traduzem in-traduções impossíveis, riscam territórios vizinhos inimigos, buscam a lei que possa devolver parte da dívida, a lei que possa armar a tenda das negociações em campos minados.

O mito da cave

Geo-grafias, geoescritas, traçadas pelos movimentos dos fluxos, de rios e de riachos. Escapamentos, rizomas, raízes, radículas, todas essas figuras que fazem um traçado sobre superfícies alteradas. Umas, direcionadas à profundidade do solo para agarrar-se; outras espraiadas pela superfície do solo: patinar, deslizar, rastejar, subir montanhas com nossas próprias garras, encontrar as entradas das cavernas nas montanhas, procurar o abrigo do sol, proteções temporárias. Redesenhar as superfícies alteradas. Na busca de um lugar, o *locus*, a caverna. Platão nos oferece uma, Aristóteles nos oferece outra: a lendária Cave de Scépsis, o lugar e a história da perda de seus documentos, por necessidade de fugir às perseguições. A cave de Scépsis se tornou uma lendária possibilidade para uma perda irreparável: a inexistência ou a ocultação do segundo volume da Poética, tratando do ridículo e de outros temas prometidos. Na cave, caverna, tugúrio, localizamos o triste destino das obras aristotélicas e de Teofrasto, lugar úmido e com traças famintas pelas letras do *Corpus*, guardados por *"gente rude, que ignorou o alto valor do depósito"* (Aristóteles, 2003, p. 21). Dos dois volumes da Poética – a Tragédia e a Comédia – um deles se perde. Herdamos a catástrofe e desmerecemos o riso. Rei morto, rei posto, poetas, cômicos e filósofos, para fora! Aristóteles hostilizado, exilado, foge para não sucumbir. Resistência, insistência do pensamento. Pela diáspora estão os estrangeiros a transportar o saber, as novidades nômades que alteram os lugares de passagem. Diante da inexistência ou da ocultação do volume da *comédia*, permanece o autor, Aristóteles, que se faz presente em seu legado poético e chega até nós como um senhor das Palavras, afirmando a estética do Trágico. Se existisse o volume do Cômico, onde estaria e com quem? Se existisse uma poética para o cômico, teria a mesma força constituidora de um *ethos*, como se tornou a Tragédia? Se houvesse um segundo volume, seria uma poética do bom humor?

De Ratio trágico

> Morrer para que sobreviva uma verdade do questionamento do sentido, e não para dar a esse ato a arrogância de uma resposta, é devolver à noite a sua realidade; é o contrário de uma abdicação. (Dufourmantelle; Derrida, 2003, p. 46; 48)

A tragédia: uma estética, uma mitologia e um ensinamento; uma possibilidade de aprendizagem com o trágico, tecido nas relações sociais, oferecida pelo espetáculo. A comédia se desqualifica diante da tragédia, nos contam as Histórias. A tragédia já não alcança mais sua grandeza e o humor não mais diverte: perdidos, estamos no meio de um enlevo com a obesidade mórbida. Nosso temor é explodir enfartados pela mais anódina estética, diante de superfície tão rasa e frágil que não permite sequer o toque, pois se estilhaça. Nada fica, pouco se sustenta, menos ainda se aproveita.

> A obsessão, quando trabalha de dentro do pensamento, ou, antes, se o pensamento tem força suficiente para se deixar trabalhar por ela, torna criativo o pensamento, à maneira pela qual uma obra de arte inaugura junto à matéria que a retém uma resposta até então desconhecida. (Dufourmantelle; Derrida, 2003, p. 48)

Diante da desolação e da aporia, sem saída, sem poros, temos a necessidade de suspender a morte, postergá-la; abre-se um vão sob a finitude e somos convocados a preencher de vida esse espaço, por meio da criação. Uma desolação que nos obriga ao reencantamento – seria a sedução do bom humor, da ironia e da poética do cômico, uma salvação? Sedução para que as linhas de fuga, as linhas que fraturam a verdade da morte, não direcionem apenas ao suicídio ou ao niilismo implícito, como nos alerta Nietzsche mas também em direção à criação, um retorno à permanência, insistência, persistência, resistência. Morte de Deus, morte do homem, morte do sujeito, morte do pai, morte das autoridades tragadas em leis. Sobrevida do autor, criação onde "há", *hay*.

De *Risus* cômico

Circunscrevo questões concentradas no humor, diante dos poderes. Voltemos à Grécia clássica, lugar de humor *et* humores: de quatro fluidos fomos feitos, quando Políbio e Hipócrates (cerca 460 a. C.) combateram os monistas, alegando que não somos constituídos por um só elemento original. Há saúde quando sangue, pituíta ou fleuma, bile amarela e bile negra estão em justo equilíbrio. Feitos de muitos humores, em movimento sadio, superamos a melancolia: de *risus*, de *jocus*, de impulso lúdico nos abastecemos em contraposição ao sofrimento e a dor. Um fluxo entre líquidos cômicos e trágicos. Voltemos ao presente, diante do homem moderno: censuras e proibições ao riso colocaram-no próximo à carne, ligado ao corpo que se dobra por força do ar expelido, em oposição às idéias que nos elevam pelo topo, pela cabeça. Cérebro em oposição aos intestinos. Uma central de idéias que, quando devidamente mobilizadas pelo humor, destinam as suas reações aos lugares mais baixos, ventre em vibração, risada... Embora desqualificado pelo puristas da moral, a comédia solicita inteligência e agilidade na crítica.

Com um olhar atento na estética e na sua potência política, observamos diversos comentários sobre a ambigüidade do jocoso ou sobre os espaços do cômico na sociedade, como um lugar ameaçador, crítico, iconoclasta. Lugar, este, controlado pelos poderes dos Estados, das aristocracias e das religiões monoteístas, que jamais se imaginaram ridículas; lugar este, colocado sob a guarda dos ministros e bispos, sob a tutela das pedagogias contra o riso e suas manifestações físicas. Restam, nesse mesmos lugares, o espaço agonístico de disputa das palavras, ambigüidades violentas como a ironia, a paródia, o escárnio. Os estados de riso, ou de humores mais vorazes, atravessam o trágico, mas não permanecem nas performances direcionadas aos espaços públicos. O riso e a paródia enfrentam o conceito e a metáfora, em jogos regrados pela racionalidade e pelos poderes religiosos. O sr. Carnaval *versus* a sra. Quaresma.

Circunscrever histórias e filosofias que dão suporte a essa presença/ausência do riso, do humor e do cômico – irônico, satírico, sarcástico - nas relações educacionais. Investir, na busca do "porquê" um campo silencia algo: "que acontece, então, na Pedagogia, para que se ria tão pouco?" (LARROSA, 1998, p. 213). Tentar entender as proibições e omissões para dar conta da sua *gramática profunda*. Instauro, intencionalmente, um ato falho: penso, também, em sua *dramática profunda*. Drama, ação, combate.

Corpos para ruminar sentidos

Movimento de pensar um corpo sensível, um corpo para ler e escrever, junto com Friedrich Nietzsche. O que me seduz nas suas leituras é a presença de um "pensamento/corpo intestino": a realidade do estômago, de um organismo, de um órgão, de uma organização, de uma ruminação. Ruminar: esse processo filosófico que se ampara nos efeitos do tempo e nos ensinamentos do aforismo – inocular sentidos e fazê-los voltar, eterno retorno, para novo proveito e sabor. A fascinante presença do bovino como figura que (se) dá a possibilidade de doar o tempo ao tempo da digestão, da ruminação da leitura, dos escritos, do pensamento. Porém, a ruminação não tem o peso da idéia obesa ou como o pedaço indigesto de alimento pesado, de um corpo em bloco que não se articula, e do qual deve-se retirar os benefícios do processo digestivo. Ao contrário do pesado, do enfadonho, do repetitivo, a lenta ruminação se torna a energia leve, ágil, de um pensamento que dança, bailarino.

Uma crise da racionalidade e uma discussão sobre os valores que se tornam fixos, prendendo o homem a determinadas concepções que universalizam e homogeneizam, tornadas necessárias e iguais para todos. Diante da imobilidade – pesada, indigesta – do que seria a razão "universal", Nietzsche apela para a sua crise, pela multiplicidade cultural, pela multiplicidade de perspectivas, com a rica possibilidade de diferentes pontos de vista e diferentes formas de viver as próprias vidas, deslocamentos que solicitam uma certa agilidade. E esse movimento não pode ser pesado, sentado, balofo, sedentário, porque solicita, ao menos, movimento de argumentação no espaço filosófico, movimento da retórica ou da oratória, das discussões que são argumentadas, argüidas, com bom humor, até mesmo provocando o riso.

Uma escuta densa, uma escuta sensível, uma escuta profunda, uma escuta silenciosa e, ao mesmo tempo, sem a perda do movimento para fora: exposição, expressão, tornadas possíveis pelos jogos de palavras, pelos jogos de negociação de sentidos, movimentos do humor, *líquor* cômico. Uma escuta sensível para uma educação estética: uma *aisthésis* que componha, simultaneamente, sentidos éticos e políticos, se afirmando tanto pelo estilo das escritas assinadas (consagradas pelas Academias) quanto pelos espetáculos (consagrados pelas Mídias) destinados a tornar "arte" os mitos que nos acompanham, historicamente. Em lugar de banalizar os mitos, para torná-los acessíveis, deveríamos reservá-los para compreender as variadas gamas do prazer e da dor da existência, nos valendo dos sentidos que aportam e de suas metáforas, que abrandam nossos trágicos destinos "de heróis" neste mundo desencantado.

A reflexão sistemática se torna a filosofia crônica da vida quotidiana, filosofia popular, enunciado coletivo. Filosofia intestina para um corpus do grotesco: humor, riso, ironia, paródia, sarcasmo, e escárnio. Todos, porém, antes da morte.

Anestesia da *Aísthésis*: sem ruminar, aceleramos a morte por *overdose* de *fast-food*.

Na tentativa de fuga, diante da desolação e do desconforto, ainda, um instante para o *de-risus*, um olhar atento e uma orelha fina, discreta ruminação, para esses tempos moribundos que renascem a cada instante. Tantos já nos disseram e tanto já nos foi dito: por que não uma escuta a eles, se sábios? Por que não um riso com eles, se tolos?

Referências bibliográficas

ARISTÓTELES. *Poética*. Lisboa: Imprensa Nacional – Casa da Moeda, 2003.

BADIOU, Alain. *Pequeno manual de inestética*. São Paulo: Estação Liberdade, 2002.

DERRIDA, Jacques. *Torres de Babel*. Belo Horizonte: Editora UFMG, 2002.

DUFOURMANTELLE, Anne; DERRIDA, Jacques. *Da hospitalidade*. São Paulo: Escuta, 2003.

HIPÓCRATES. *Conhecer, cuidar, amar: o juramento e outros textos*. São Paulo: Landy, 2002.

LARROSA, Jorge. *Pedagogia profana*. Porto Alegre: Contrabando, 1998.

LÉVINAS, Emmanuel. *Da existência ao existente*. São Paulo: Papirus, 1998.

WHITMAN, Walt. *Folhas das Folhas de Relva*. São Paulo: Brasiliense, 1984.

Sites de interesse

O "nome" e a "assinatura" de Jacques Derrida são mencionados nas páginas da Internet 108.000 vezes – quantidade de páginas obtida durante a busca realizada no dia 14/09/2004 – no navegador Google. Vou fazer a opção, então, de reproduzir apenas dois *sites* em francês, espanhol, inglês, alemão e português.

Em francês

http://membres.lycos.fr/farabi/

Trata-se de uma página cujo título é "Bienvenue chez Jacques Derrida" e que contém uma informação muito detalhada sobre os livros e os artigos de Derrida. Pode-se encontrar, também, uma seção de livros e artigos de outros filósofos sobre Derrida.

http://philo.8m.com/derida.html

Este *site* traz uma série de artigos sobre alguns dos conceitos mais relevantes de Derrida: "differánce", "desconstrução". Há um excelente artigo de François Ewald com o título "Derrida reconstruit".

Em português

http://www.derrida2004.ufjf.br/corpo10.htm

O *site* permite realizar uma série muito vasta de enlaces com outros *sites* nacionais e internacionais. A página possibilita também fazer links com ensaios, artigos e verbetes em relação à Derrida.

http://www.unicamp.br/iel/traduzirderrida/links.htm

Neste endereço podem-se encontrar vários arquivos em torno de Jacques Derrida e sobre Jacques Derrida: ensaios e verbetes, anúncios e informações sobre livros, artigos e entrevistas com o filósofo.

Em espanhol

http://personales.ciudad.com.ar/Derrida/

Além de conter textos, comentários, a cronologia e a bibliografia de Derrida, este *site* oferece um arquivo com fotografias muito completo (Derrida no Licéu, Derrida jogando futebol, Derrida na Sorbona, Derrida com Jorge Luis Borges etc. A página contém, também, textos em espanhol de Nietzsche e de Heidegger.

http://www.infoamerica.org/teoria/derrida3.htm

Interessante *site* que oferece um vasto número de artigos sobre Derrida e informações acerca da biografia e bibliografia do filósofo. O que é particularmente significativo nesta página é o clipe do filme *D'ailleurs Derrida* dirigida por Safaa Fathy.

Em inglês

http://www.mtsu.edu/~jpurcell/Philosophy/derrida.html

O *site* é, na verdade, uma espécie de dicionário de filosofia em geral. No fragmento que corresponde a Jacques Derrida, podem-se encontrar uma biografia completa do filósofo e uma série muito interessante de textos sobre a desconstrução.

http://65.107.211.206/cpace/theory/derrida2.html

Nesse endereço há uma série de links em relação a Derrida, contendo, mais especificamente, artigos, resenhas e entrevistas com o filósofo.

Em alemão

http://www.uni-protokolle.de/Lexikon/Jacques_Derrida.html

Neste *site* é possível encontrar um hipertexto relativo a Derrida que contém notas biográficas muito bem documentadas e informações bibliográficas comentadas.

http://www.suhrkamp.de/autoren/derrida/derridabio.htm

Home-page que oferece uma detalhada e completa biografia e bibliografia do Jacques Derrida. Para além disso, há um link que se relaciona com um filme sobre Derrida dirigido por Kirby Dick e Amy Ziering Kofman.

Qualquer livro do nosso catálogo não encontrado nas livrarias pode ser pedido por carta, fax, telefone ou pela Internet.

Rua Aimorés, 981, 8º andar – Funcionários
Belo Horizonte-MG – CEP 30140-071

Tel: (31) 3222 6819
Fax: (31) 3224 6087
Televendas (gratuito): 0800 2831322

vendas@autenticaeditora.com.br
www.autenticaeditora.com.br

Este livro foi composto com tipografia Garamond light, e impresso em papel Off set 75 g. na Sermograf.
